神に頼って走れ！

自転車爆走日本南下旅日記

高野秀行

集英社文庫

まえがき

本来なら今ごろ私は、謎《なぞ》の怪魚ウモッカを探しにインドに行っているはずだった。ところが、数年前にインドに（やむをえずだが）不法入国したかどで私はインドに行けなくなってしまった。（詳しい事情は拙著『怪魚ウモッカ格闘記―インドへの道』〈集英社文庫〉をご覧いただきたい）

今、いろいろな人を通して事態を打開しようとしているが、目処《めど》は立っていない。

ああ、インドはなんと遠いのか。まるで昔の人が思った〝西方浄土〟みたいだ。

あとはもう神に祈るしかない。

だが、ただ他力本願というのも情けない。自分でも何かしなければ……。

そこで思いついたのが、沖縄への自転車お遍路旅である。

「インドへ行かせてください」

道中で出会う、ありとあらゆる神様仏様にそう祈願しながら、インドに少しでも近く、楽土「ニライカナイ」の別称がある沖縄へ行く。この寒空を自転車漕《こ》いで。

そこまでしたらきっと気難しい神様も、もっと気難しいインド政府もきっと願いを聞き届けてくれるだろう。

だから……神に頼って走れ！

＊この作品は二〇〇七年一月～三月、集英社文庫のホームページに約一週間更新で連載された旅日記をまとめたオリジナル文庫です。

旅立ちの勇姿。道連れは愛車・キタ2号

目次

GOAL

本文デザイン／ZOOT.D.S.
本文写真／著者

第一週　1月15日～1月20日（東京～浜松）

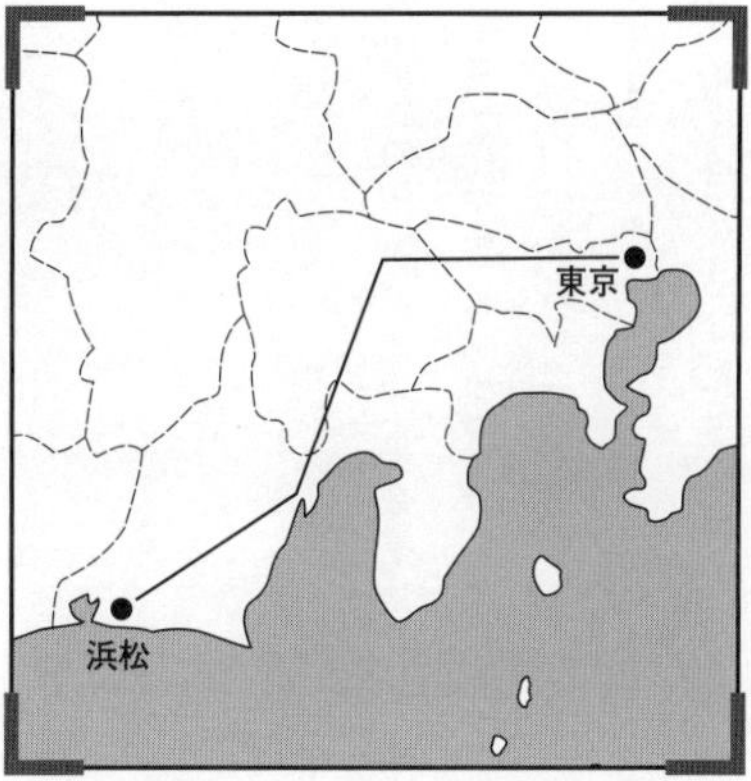

1月15日

朝7時、自転車に荷物を搭載する。愛車の名前は「キタ2号」。キタとは一年前のインド行きのとき同行してもらった盟友の名前だ。運悪くインド入国に失敗した私は、ひとりで入国してしまった友を「キタ1号」と呼び、東京からあれこれと指令を出して動かした（実際には彼が独自に活躍していたが）。今回も昨年のインド行きの延長線上にあるので、盟友の名を借りたわけだ。お遍路は「同行二人《どうぎょうににん》」というではないか。私もキタといつも二人だ。

杉並区の自宅裏にある庚申塚《こうしんづか》に旅の安全とインド行きを祈願して出発。環八通りから甲州街道に出る。

今回の旅のルートはてきとうで、主に知り合いや親戚《しんせき》がいる場所をつなぐつもりだ。まずは、親戚のいる山梨県塩山だ。これから道で出会うありとあらゆる神仏に祈願しながら進むことにする。

冬の清冽《せいれつ》な朝日を浴びてキタ2号は快調に走る、と書きたかったが、そうは問屋が卸さなかった。

路上の神仏が多すぎるのだ。庚申塚、お地蔵さん、お稲荷《いなり》さん、神社、寺……。いちいち止まっていたら、10分と続けて走れない。

身の回りにこんなに神様、仏様が大勢いらっしゃったとは。しかも、どれも花やらみかんやら服やらが供えられている。

日本人の信仰心の篤さはタイやミャンマーも顔負けである。

おかげでこっちは体がぜんぜん温まらないし、先に進まないので、早くも予定変更。「これ!」とピンときた神仏のみ、キタ2号を止めて手を合わせることにする。

少しスピードアップしたが、別の問題が発覚。

荷物が重い。たかだか6、7キロだと思うが、空身の二倍以上疲れる。実家のある八王子に着いたとき、すでに青息吐息。誰もこの計画を知らなかったら即中止していただろう。

そうもいかないので、実家のすぐ近くの「道了堂《どうりようどう》」にお参り。ここはかつて絹商人の通行安全を願うお堂だった。日本版「絹の道」で、八王子から横浜につながっている。

国道16号線から新奥多摩街道をつたって、ひたすら北上。拝島《はいじま》、青梅《おうめ》、御岳《みたけ》などをノンストップでぶっ飛ばし、午後2時、奥多摩駅着。登山の安全を司《つかさど》るお稲荷さんにお参りし、目の前で倒れた老人をひとり救助してから再出発。奥多摩湖沿いを行く。

奥多摩湖が終わってからが長い。東京都から山梨県に入ると、周囲は雪。道路もところどころ凍結している。坂はきつく、日は暮れていく。

目的地の丹波山村《たばやまむら》に到着したのは午後5時半。今日の走行距離は105キロ。ヘトヘトである。

予約していた素泊まり3500円の民宿に文句は言わないが、ここで思いがけ

雪山のなかで日が暮れていく

ないことが。

6時半なのに、外へ出たら人っ子一人いない。もう深夜のようだ。食堂など気配もない。

いきなり初日から夕飯ぬきか。店じまい寸前の雑貨屋でカップ麵《めん》とあんぱんを買って帰ると、今度は部屋のヒーターが止まった。灯油切れだ。ポットのお湯もない。宿のおばちゃんたちを呼びに行くと、他の部屋はすべて真っ暗。みなさん、もうお休みになられたらしい。まだ7時半なのに。

しかたなく、凍える部屋であんぱんをぼそぼそ食べた……。

1月16日

泊まった民宿の玄関口に、マジックで人間の顔が描かれた、へんてこりんな丸太が立てられていた。「カドンドウシン（門之道神）といって、魔除《まよ》けなのよ」と民宿のおばちゃん。山梨県の古い習慣で、今でも残っているのはこの村くらいじゃないかという（あとで身延周辺にも残っていると聞いた）。

山梨最辺境なのか、この村。なるほど夕飯も食えないはずだと納得して、願掛け。

ここからは大菩薩峠《だいぼさつとうげ》の西を通る柳沢峠《やなぎさわとうげ》（標高1472メートル）まで、すべて上り。私もキタ2号も昨日の頑張りで早くも力尽きてしまったらしい。

断念して、キタ2号を押して坂を上る。

11時半、この辺りで最大の名所「おいらん淵《ぶち》」に到着。

武田信玄の時代、ここには黒川金山という有名な金山があった。信玄はそこからとれる金を元手に戦国最強軍団を結成した。全国から金鉱技術者、労働者、そして彼らを慰める「おいらん」が集められたが、女たちは金鉱の秘密を守るために、大量に処分されたという伝説がある。

それがここ「おいらん淵」で、今でも霊がさまよっているといわれる。人里離れた場所なのに、真新しい花が供えられていた。おいらんの成仏と、私の悲願を祈る。

12時40分、やっと柳沢峠に到着。結局、丹波山村から20キロの道のりをひたすらキタ2号を押して歩いた。

峠の「鳥獣供養塔」と観音様にお祈りしてから坂を下る。

さきほどとは打って変わってキタ2号は絶好調。楽な道になると、とたんにご機嫌で、その辺はキタ1号と瓜二《うりふた》つである。

猛スピードで20キロを塩山まで一気に下る。天気はいいし、爽快《そうかい》だったが、塩

イトコの清雲俊雄・放光寺住職

山駅前に着いた直後、猛烈な寒気に襲われ、震えが止まらなくなった。峠の上りでたっぷりかいた汗が、下りの冷たい風でいっぺんに冷えたらしい。

駅前の飯屋に飛び込んで熱燗《あつかん》を頼む。焼きうどんと一緒に流し込んだら、生き返った。

信玄の菩提寺《ぼだいじ》、恵林寺《えりんじ》にお参り。「心頭滅却すれば火も自《おの》ずから涼し」と唱えて、信長軍に焼き殺された快川和尚《かいせんおしょう》の寺としても有名だ。

恵林寺の真裏にあったため、信長の放火のまき添えをくらって一緒に焼けてしまったのが、私の祖母の家「放光寺」である。

古い木がきしむ音と苔《こけ》むした石の香りが懐かしい。子どものころは、ここで遊ぶのがなによりも楽しかった。

今日は二〇年ぶりにここに泊まる。

1月17日

昔から仲良しの、でも今は立派な坊さんになった清雲俊雄住職に「心願成就」「交通安全」を祈願した護摩《ごま》を焚《た》いてもらう。

住職の腹の底から出す読経《どきょう》に私は圧倒されたが、キタ2号もよほどびっくりしたみたいで、放光寺を出発後、10分もしないでパンクしてしまった。

東京近辺でこれまで通算2600キロも走っているが、パンクは初めてだ。小雨のそぼ降るなか、自転車の車輪をはずし、工具をならべ、路上に店開き。予備のチューブと交換しようとする。理屈では知っているが、やるのは初めてでうまくいかない。

交換しても空気が漏れたりで、結局この日は全部で3時間以上、うんうん唸《うな》ってキタ2号の治療に費やした。

甲府のやや南、市川三郷町という小さな町で日が暮れる。たった一軒の旅館に入る。便所、風呂場《ふろば》とも大きいが、たった一つしかない。女性はどうするのだ？ それにこの宿、部屋から食堂に行くのに、なぜか団体貸切の大広間をつっきらなければならない。

私が扉を開けると、結婚披露宴みたいな厳粛かつ豪勢なムードでびっくり。マイクで挨拶《あいさつ》している司会者も列席している三〇名ほどの人たちも、びっくりしてこちらを凝視している。

浴衣《ゆかた》姿《すがた》の私は躊躇《ちゅうちょ》したが、宿のおかみは「だいじょうぶ。さあ、思い切って行ってください」。

いいよ、こんなところで思い切らなくても。それよりふつうに通路をつくってほしい。

キタ2号バラバラ事件

1月18日

富士川街道（別名「みのぶ道」）を川沿いに南下する。

由緒ある古道のようだが、大型トラックがごんごん走り、歩道も少なく、道は狭く、路肩に寄れば、雪や砂利ですべり怖い。疲労で腰やひざも痛む。

幸い、この街道には丸い石で作られた道祖神《どうそじん》がそこかしこにある。昔の人は山賊や自然災害を恐れて神様に安全を祈願したのだろう。

私も「次の道祖神までよろしくお願いします」と拝む。インド行きという壮大な願掛けが、ちょっと辛《つら》くなると、すぐ目先の願望に走る。

身延山《みのぶさん》近くの道祖神では、近くにおじいさんがいたので訊《き》いてみると、「正月の14日はこの道祖神さまから出発して、獅子舞《ししまい》が部落の一軒一軒をまわって家内安全を願うんですよ」と言った。

道祖神をなでるおじいさん

道祖神は村の安全を司る神様でもあるらしい。

「だからこの石は尊いもんなんです」と、おじいさんは石をいとおしそうになでながらにっこり笑った。

尊いのに可愛がられるとはまるで赤子みたいだ。

道祖神のおかげか、悪戦苦闘の末に山越えを終え、無事、清水の海に出た。夜6時、静岡に到着。あまりの都会ぶりに驚く。

1月19日

山梨から下りると静岡は暖かい。昨夜も暖房がいらなかった。まるで春のようだ。

朝一で、静岡浅間《せんげん》神社に参拝。ここはかつてシャム（タイ）に渡りかの国の貴族に列せられた山田長政の産土《うぶすな》神社と呼ばれているらしい。

実際には山田長政がどういう人物だったかよくはわからないし、出身地がここであるというのも怪しいようだ。

徳川幕府崩壊後、どんどん地位が低下する静岡県をなんとか盛り上げるために、清水次郎長《しみずのじろちょう》が、『広辞苑』の編纂《へんさん》で知られる新村出《しんむらいずる》などを巻き込んで「長政＝静岡人説」をでっちあげたという説もある。

史実はよくわからないが、ここにゆかりのある人が、当時「天竺《てんじく》」に含められたタイに行ったことはたぶん事実だろうと思い、私もあやかることにした。

この日は浜松まで東海道をまっすぐ。

今の東海道は、東名高速やバイパスに大動脈としての役割を奪われたおかげで、落ち着いた佇《たたず》まいだ。

今日やっと携帯電話の電波が届くようになったので、白鬚《しらひげ》神社というところにキタ2号を止め、都内へ電話。インド大使館にコネクションをもつAさんという人に私の件がどうなっているか訊いてもらっていたのだ。

「現在、本国で審査中なので、待ってほしいと言われました」というのがその答え。私が言われたことと同じだが、Aさんは私より大使館にずっと影響力があると思うから、大使館ももう少しアクションを起こすだろうと期待する。

神社のご神木である楠《くすのき》の巨木に、あらためてインド行きの願とAさんの健やかなることを祈る。

大学探検部時代の友人で、コンゴ隊の副隊長・高橋洋祐《ようすけ》が浜松に住んでいる。いまだ「岩登り命」の高橋と中国・重慶出身の奥さんに迎えられた。身重の高橋

天竜川の河口付近に到着

夫人に途中の大井神社で買い求めた安産のお守りをあげる。

彼のご両親にうなぎをご馳走《ちそう》になる。うなぎの肝が特にうまく、熱燗とよく合った。

1月20日

高橋の奥さんは妊娠八ヶ月で、今日から故郷の重慶に戻る。里帰り出産だ。高橋も付き添って実家まで行くという。

「高野も一緒に来ない？」と言われ、気持ちがぐらっとしたが、いかん、いかん。ぐっとこらえ、にっこりと見送る。

見送って高橋宅で居候。鍵《かぎ》を貸してくれたのだ。

本日は、ここに停滞して原稿書き。

夜は、浜松郊外に住む「モッカさん」宅を訪問。彼は、インドの怪魚ウモッカをただ一人目撃した人物で、今回の長い話はすべて彼から始まっている。

夕飯をご馳走になったあげく、泊めてもらう。昼と夜の居候先がちがうとはなんと豪勢なことだろう。

モッカさんの一人娘がしきりに私に話しかけてきて、一緒に遊ぶ。「この子、ふだんは人見知りなのに…」とモッカさん夫妻はちょっとびっくりしていた。きっと私が今、お遍路旅の最中で心が開かれているからだろう。子どもは実によくわかっている。

中国に旅立つ高橋夫妻（自宅前の神社で）

第二週　1月21日～1月26日（浜松～奈良）

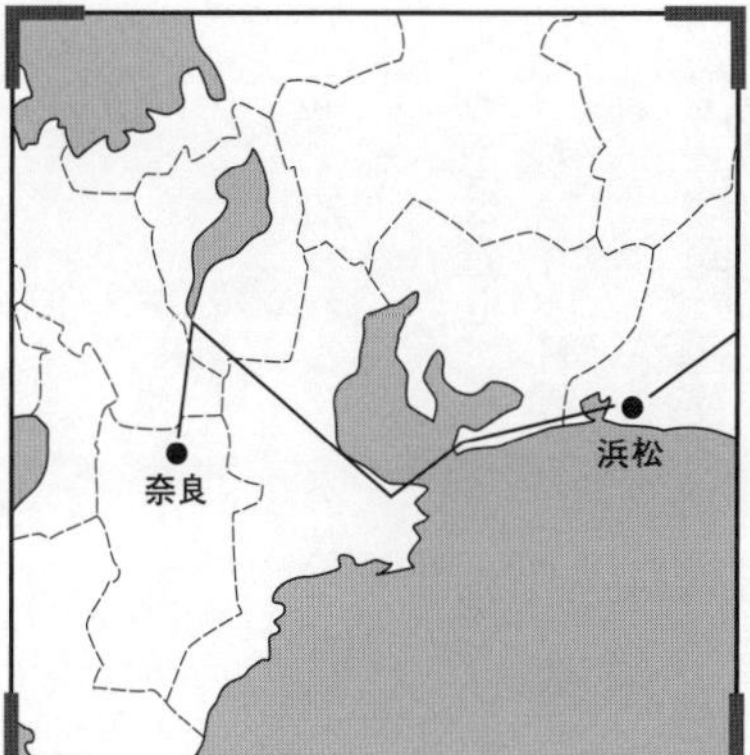

1月21日

浜松といえば、日系ブラジル人が多いことで知られる。その数、ざっと二万人近くとか。もちろん、ダントツで日本一だ。

「この近くに、靴のディスカウントショップを改造して作った、彼らの教会らしきものがある」と高橋から聞いていたので、ちょうど日曜日だし、出発するときにのぞこうとした。

靴屋の看板をたぶんそのまま使って「イエスは愛」と英語ででかでかと記し、愛を販売している店のような建物はシャッターが下りていた。

看板に書かれた携帯の番号に電話してきくと、日本語も英語も通じず、「今日は夕方5時半からやります」とポルトガル語で返事がかえってきた。

しかたない。乗りかかった船なので、もう一日停滞することにし、夕方、店、いや教会に出なおす。

人が、広いスペースに五〇人くらいわさわさしている。三分の一は子供だ。まるっきり日本人という顔もあれば、金髪碧眼《きんぱつへきがん》やラテンの濃い顔立ちもある。

「ま、どうぞどうぞ」と気軽に受け入れられ、一緒にミサに参加。

最初、小一時間ほど、ロックバンドがビートのきいた賛美歌を演奏し、老いも若きも踊って歌って祈る。日本人の中小企業の社長みたいな風貌《ふうぼう》のおじさんが両手をガーっと広げ、派手に踊るからおもしろい。

突然、ジャージの上下を着たおばさんが前に進み出て、テーブルの上に箱から取り出した小麦粉やら砂糖やら牛乳やらを並べだす。

ケーキ作りの講習もあるのか？

「こういうのはブラジルではよくあるんですか？」と、隣にいた、日本語ができる人に訊《き》くと、その人は「いえ、私も初めて見ました」ときょとんとしている。

結局、これはジャージおばさん一流のパフォーマンスだった。

「砂糖や牛乳はそれだけでもおいしいけど、小麦粉はまずい。でも、小麦粉がないとおいしいケーキは作れない。人生もそれと同じ。楽しいことだけでなく、辛《つら》いこともあって、初めて最後に神の御心《みこころ》に叶《かな》う立派な人生ができあがるのよ……」

いやはや、これ一つ言うのにたいへんなこった。

そのあと、牧師さん（ここは意外にもプロテスタントだった）が長々と説教。

「日本やアメリカなど金持ちの国の人は神様を忘れています。私たちも日本で経済的に豊かになっているので神様を忘れないようにしましょう」と言うが、みなさん眠そうで、実際熟睡している人も少なくない。

しょうがないのだ。聞けば、たいていの人が製造業の工場で働いており、休みは日曜のみ、土曜も深夜まで残業があるという。だから、日曜も朝でなく夜にミサを行う。

みなさん、リッチになって神様を軽んじているのではないのだ。仕事に疲れているのだ。日本人と同じように。

牧師さんと挨拶《あいさつ》。名前は「グスクマ」というので、日系じゃないブラジル人か

浜松の日系ブラジル人教会

グスクマ牧師とツーショット

と思ったら、「沖縄の苗字《みようじ》です」。

おじいさんが沖縄から来たのだという。漢字で「城間」と書くらしい。

やっぱり、縁があるじゃないか。

沖縄までよろしくお願いします、と陽気そうな神様に祈る。

1月22日

三日ぶりにキタ2号との旅再開。

キタ2号のライトは昨夜、日系ブラジル人教会に行き、わきに止めておいたときに盗まれた。もしかしたらお祈りをしている最中かもしれない。なるほど、これも「小麦粉」なんだなとジャージおばさんの説明に深く納得。しかたないので、ヘッドライトで当分代用させることにした。

初めは体が重く、「いい歳《とし》してオレいったい何やってんだろ……」と、気分も冴《さ》えないまま、浜名湖のほとりにある弁天神社に立ち寄る。

神社の縁起によると、昔この弁天島に天女が舞い降りたそうだ。だが、次がおかしい。

「村人は大変喜び、社《やしろ》を建てるからここに留まってほしいとお願いしました。ところがどういうわけか、天女は駿河の三保の松原へ立ち去ってしまいました……」。

どういうわけかって、あなた。それ、ふられたってことじゃないの。思わず爆笑してしまった。

神社のなかにも冴えない神社があるもんだ。なんだか気が楽になる。

ふられ神社に同情の参拝。

なだらかな丘とキャベツ畑が続くのどかな渥美《あつみ》半島を真西に爆走。

キャベツ畑に囲まれた神社もあった。

この辺は道祖神《どうそじん》もお地蔵さんもないと思っていたら、「地の神」と書かれた石像を家の角に発見。

その家のおばちゃんに訊くと、「この辺の家にはどこにでもある」とのこと。

そういえば、小さい祠《ほこら》のようなものを何度か見かけたが、みんな敷地のなかだったのでよくわからなかったのだ。

41　1月22日　第8日

キャベツ畑で願掛けて

ぴかぴかの一年生神様

おばちゃん曰《いわ》く、「この間、車に撥《は》ね飛ばされちゃったからね、新しいものにはちゃんと名前を書いたんよ」。

小学一年生が黄色い帽子をかぶるように、神様も「かみさま」とちゃんと書いておかないと、車にひかれてしまうらしい。

頑張れ、神様！

午後4時頃、渥美半島を走破し、先端の伊良湖岬《いらござき》からフェリーで対岸の鳥羽《とば》にわたる。

鳥羽は場末感が漂っているわりに宿が高いので、そのまま一気に伊勢《いせ》まで行く。

1月23日

まったく何の知識もないまま伊勢神宮に参拝。

宿のおねえさんから、「まず外宮《げくう》、つぎに少し離れた内宮《ないくう》にお参りするのがほんとう」と聞いたので、それに従う。

外宮の御正殿《ごしょうでん》を見てたまげる。何にも知識がなかったから、てっきり豪華《ごうか》絢爛《けんらん》で壮大な建物なんだろうと思っていたら、なんと分厚い草葺《くさぶ》きの屋根に丸太がごんごんのっかっている。

「うわっ、アフリカみたいだ！」と私は思わずつぶやいた。

アフリカの仮面や土壁の建物に感じるものとまったく同じ、原始の力がみなぎっていたからだ。

まだ中国から繊細で華麗な文明がやってくる前の、土着的な神がそこにいた。アフリカでわからなければ、「邪馬台国」のイメージと言えばいいだろうか。小細工は一切なし、とにかく「ここに古代からずっとあるのだ」という存在感に圧倒される。

この前に立っていると、インド入国がどうのとか、ほんとに些細《ささい》なことに思える。柄にもなく、「世界」とか「人類」という言葉が頭に浮かんでしまう。結局、「この世界においてくださってありがとうございます」と感謝しただけで終わってしまった。

出入り口に戻ると、古札収所（古くなったお札やお守りなどを引き取るところ）に、「燃える縁起物」「燃えない縁起物」と神聖なはずのものが分別されていて、人間の俗世界バリバリ、たちまち目が覚めた。

そして、さっきの「原始との遭遇」みたいな体験はなんだったんだろうと夢の

御正殿は撮影禁止。これは別宮だが、基本的な作りは同じ

伊勢神宮名物の「赤福」。あんこと餅が口のなかでとろける

ように思った。

伊勢をあとにし、冷たい強風にあおられながら、津市まで進む。

1月24日

早朝に津を出て知り合いのいる大津へ向かう。

今回の旅始まって以来、いちばんの寒さ。それでもせっせとペダルを漕《こ》いで鈴鹿の峠を越えると汗だくになる。

鈴鹿峠のトンネルを抜けたら、気温が一段と下がっていた。下り坂をすべり下りると、さきほどかいた汗が急速冷凍され、鮮度の高いまま死にそうになる。

土山の「道の駅」にキタ2号を止め、飲み物の自販機に直行。

つい、「お酒　ＨＯＴ」というのがないか探してしまう。やっぱりなかった。たぶん、ないとは思っていたが……。がっかりしてコーヒーを飲む。

もう11時を過ぎているのに、道路に表示された気温は5℃。国道をちょっとはずれ、東海道の旧道を走る。辺りは茶畑が多い。震えながら茶畑のなかを走っていたら、芳ばしい茶の香りが漂ってきた。焙煎《ばいせん》をしているらしい。その匂《にお》いをかいで熱いお茶を飲むつもりになる。マッチ売りの少女みたいだ。でも、冷気を切り裂くような鮮烈な香りは悪くない。

昼頃、ようやく日が出て暖かくなってきた。二重三重の瓦屋根《かわらやね》がゴージャスな民家（三重から滋賀にかけてはゴージャスな民家ばかりだ）の立ち並ぶ裏通りで、獅子舞《ししまい》に出くわす。

獅子と後ろで布を持つ人が二人、他に笛が二人に太鼓が一人。「ここでは毎年1月の今頃にお伊勢さんから獅子舞が来てね、一軒一軒回ってくれるんですよ」と近所のおかみさんが言う。

獅子舞を見たのは生まれて初めて。今年もよいことがあるように、と祈る。しかし。この獅子舞軍団はプロのようだが、どういう職業生活を送っているのだろう。

獅子舞の門付け

手作りの「鰺のつみれ鍋」

午後4時ごろ、大津に到着。知り合いで、デザイナーをやっている藤本《ふじもと》さんに電話する。

「え、明日じゃなかったんですか?」と驚かれた。前もって連絡していたが、日付と曜日をまちがえて伝えていたらしい。

新婚の奥さんもびっくりしていた。

申し訳ないです……。

藤本さんとは六、七年前にイエメンで会った。そのとき彼はわざわざ自転車でイエメン旅行に来ていた。今年私が自転車を購入するとき、それから旅に出るときにも彼のアドバイスを受けた。私の「師匠」である。

藤本師匠よりブレーキやギアの調整、メンテナンスや修理について教えてもらう。

ここのお宅は驚いたことに、冬でも暖房を使っていない。奥さんは、子どものときから徐々に暖房を排除して育ち、今は環境に配慮するうえでも完璧《かんぺき》に暖房をやめてしまったという。水道は水のみ。夏はエアコンはもちろん、扇風機すら使わないとか（藤本さんの仕事部屋だけガンガンに暖房が入っている）。

しんしんと冷え込んだ台所で、奥さんは鯵《あじ》をトントン叩《たた》き、「鯵のつみれ鍋《なべ》」を作ってくれた。

あまりの贅沢《ぜいたく》さに感激。

食事の部屋にはヒーターがつけられていた。

「今日は特別です」と、小柄な奥さんはにっこり笑った。

1月25日

大津の次は隣の京都へ行くつもりだった。薬師寺の薬師如来にどうしてもお参りしたかったからだが、藤本師匠に「それ、奈良でしょう」と呆《あき》れられる。あ、そうなのか。

というわけで急遽《きゅうきょ》予定を変更、奈良を目指して宇治川沿いに南下。

東京を発って今日で11日目。足は慢性の筋肉痛と疲労でガタガタである。特に太腿《ふともも》はパンパンに張っており、力が入らない。

午後2時、奈良に到着。中学の修学旅行で来て以来、二五年ぶりである(斑鳩《いかるが》の法隆寺だけ、一〇年前にコンゴ人作家のドンガラさんを連れて行ったことがある)。記憶はほとんどない。

鹿の群れに囲まれ、戸惑いを隠せないキタ２号（後ろは東大寺）

思っていたよりずっと鄙《ひな》びている。大都市の京都とはえらいちがいだ。緑のなかに五重塔《ごじゅうのとう》がそびえている。

不思議な懐かしさにとらわれた。どうしてだろう? 私の内なる日本人の心が呼び覚まされているのか?……と一瞬思ったが、そうではなかった。

タイのチェンマイに似ているのだ。

チェンマイも古都で、町の規模もこんな感じだ。そして、緑のなかに仏塔がそびえている。私はそこに二年ほど住んでいたのだ。

二年とはいかないが、二日ほど滞在してもいいなと思った。

1月26日

旅はじまって初めて古寺を巡る。

古寺はやっぱりちがう。なんといっても、参拝するのに金をとられる。それからわざわざ寺に来て拝まない人が多い。観光目的だから当たり前だろうが、これも初めて見る光景だ。

東大寺、薬師寺、唐招提寺《とうしょうだいじ》などにお参りするが、いちばんよかったのは東大寺の大仏さまだった。

今までいろんな神仏にインド行きを祈願してきたが、こんなに頼みやすかった神さま仏さまは初めてだ。

道祖神やお地蔵さんだと荷が重そうだし、かといって、伊勢神宮だと威圧感がすごくて、自分のわがままが言いづらかった。

その点、大仏さんはいかにも太っ腹そうだ。

「おう、なんでも言うてみい」という気さくな感じがある。

頼んだら「よっしゃ、インドやな、なんとかしたるで」と言ってくれてるような気すらした。

ただ、太っ腹で気さくな分、忘れっぽそうでもあるんだよなあ……。

あ、いかん、いかん。そんなこと、言っては。

大仏さん、よろしくお願いしますよ。

安心感は抜群の大仏さま

第三週　1月27日〜2月1日（奈良〜甲浦）

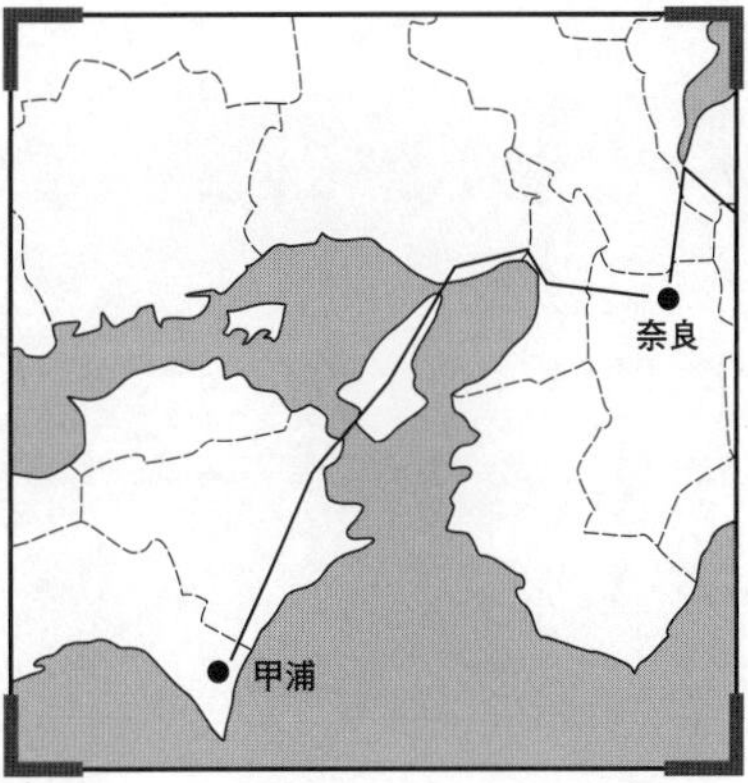

1月27日

新薬師寺にお参りした。他の寺もそうだが、ここも敷地の隅には社《やしろ》がある。お寺（仏）を守る神様がどこでもちゃんといるのだ。

今まで見てきた一般の民家と変わらない。

相当な昔から、こういう信仰が続いているのだろう。

帰りに便所に寄れば、水のタンクにでかでかと「便所には神様がおられます」。

お寺の便所も神様が守っているようで、ほんとうに神様は遍在する。

近鉄奈良駅のそばに漢國《かんごう》神社というのがあり、参拝。

間違って賽銭箱《さいせんばこ》に100円玉を入れてしまい、ほぞをかんでいたら、隣に一つ50円のおみくじがあったので引いてみる。

新薬師寺の便所

出版関係者は林神社に参拝すべし！

「願い事　あせらず騒がずゆるゆる進めばよし」と出た。

うーん、やっぱりそうなんだなあ。

ちなみに、待ち人は「遅いが来る」。

失《う》せ物《もの》は「出る　高いところの間」。

ウモッカは高いところで見つかるのか。海のものなのに……？

漢國《かんごう》神社に「饅頭《まんじゅう》の祖神《おやがみ》　林《りん》神社」というのが併設されていた。

昔中国から饅頭を伝えた林さんという人が神様となって祀《まつ》られているという。

日本の神様にはほんとうにいろいろある。

驚いたのはそればかりではない。

林さんの子孫・林宗二《そうじ》という饅頭屋さんが戦国・安土桃山《あづちももやま》時代に著した饅頭に関する用語辞典が、初期の国語辞典の一つで、「出版・印刷の祖として知られている」と由緒記に記されていた。

日本の出版は饅頭から始まっていた!?

しかし、振り返れば、学問芸術の神様は天神さまや弁天さまがおられるが、

「出版の神様」「出版を司《つかさど》る神社」というのは聞いたことがないし、これまで見たこともない。

出版で飯を食わせてもらっている身として、林神社に深く祈願。

「今年もおもしろい本が出せますように」

1月28日

夜に雨が降ったようだが、ちょうど朝出発するころには止《や》んでいた。

朝もやのなか快適に走って、法隆寺に参拝したあと、暖かくなる昼ごろには大阪へ。

私は大阪は全く知らない。去年（2006年）、仕事でJR大阪駅と朝日放送に行ったのが、生まれて初めてだった。それもトンボ帰りで街は全然歩いていない。

今回が事実上の「大阪デビュー」である。

市内南部の大和川《やまとがわ》付近から入る。下町風の町並みが続いているが、特に大阪の風情《ふぜい》は感じられない。

「大阪らしさはどこだ⁉」と探していたら、ある神社の前で人ごみに出くわした。民家の玄関口で人々がもみ合っている。

「だからオレが言うたやろ！」「そうやなくてな……」「あかん、あかん、あかん！」など、複数の叫び声が交錯する。

路上には野次馬が二〇～三〇人出て、警官の数も総勢二〇名ほど。ただし、緊張感はない。警官は主に交通整理をしている。

「なんかあったんですか？」

警官のひとりに訊《き》けば、

「トラブルですよ」と淡々とした返事。

すごい。

家族か仲間うちのトラブルで警官隊が出動するなど、東京ではまずお目にかかれない。

これだ。これこそ、大阪らしさだ！

近くの神社にて、私が大阪に偏見を抱《いだ》いていないことを祈る。

道頓堀《どうとんぼり》の近くに安い宿を見つけて泊まる。

旅館のロビーに、おそるべき集合写真が飾られていた。

真ん中に、ジャイアント馬場とアントニオ猪木《いのき》、その両脇《りょうわき》に大木金太郎と吉村道明（たぶん）、後列には坂口征二、グレート小鹿、山本小鉄、星野勘太郎、大熊《おおくま》元司がずらりと並んでいる（後列右端だけ誰かわからなかったが後に「ミツ平井」と判明）。

なんと、日本プロレス黄金期のメンバー揃《そろ》い踏《ぶ》みだ。

「うちは日本プロレスの定宿だったんです」と、宿のおばちゃん。

「力道山が亡くなった直後くらいから団体が分裂するまで、一五年くらい、毎年きてましたね。みんな体は大きいし、荷物は多いしで、そりゃすごかったですよ」

右も左もわからない大阪で、泊まった旅館が日本プロレスゆかりの宿とは。

生前から「生《い》き仏《ぼとけ》」として崇《あが》められていた馬場さんに旅の加護を祈願。

夜は、同じく道頓堀付近にあるインド料理店「サンタナ」へ。

ここのオーナーであるクンナさんという人は、怪魚ウモッカが目撃されたインド・オリッサ州のプーリー出身で、私に東京在住のオリッサ人を電話で紹介して

「インドのマツケン」こと、クンナさん

くれたことがある。

そればかりか、彼の二人の弟は、プーリーで日本人向け宿を経営し、ウモッカを目撃したモッカさん、それを探しに行った「タカさん」という日本人、そして我が盟友のキタ1号もそこに泊まっていたのだ。

クンナ一家はまさにプーリーのキーパーソンである。

レストランにはインドの匂《にお》いと空気がむんむん。若い女性客二人組が、

「ね、今度インド行ってみない？」

と楽しそうに話してたりして、哀しくも情けなくもなる。

それはさておき、クンナさん。彼はウモッカのことにはあまり関心もないようだったが、日本とインドの交流にはたいへん熱心だった。

「インドのマツケン」と呼ばれてテレビに出るくらい、松平健に似ていて、ノリもいいクンナさんだが、それもこれも、「地元ミナミが元気になるように」という心意気らしい。

「隣近所がつながって、地域がつながって、そうすれば国と国がつながる」とい

うクンナさんは、現在、廃校になった学校を利用して、関西初のインド人インターナショナルスクールの建設に取り組んでいるという。

来日して一四年ずっと、自分の住むところと自分の生まれた土地を盛り上げようとしてきたクンナさんには頭が下がる。私のような、一人よがりの根無し草とはちがう。

レストランの神棚には、プーリーの有名な寺院「ジャガンナート」に祀られる三神の像が並んでいた。

私がプーリーに行けるように、そしてクンナさんの計画がうまく進むように、そして私をこれまで助けてくれたインド人のみなさんが健やかな日々を送れるよう祈願。

一つ疑問が。京都の祇園祭《ぎおんまつり》も大阪・岸和田の「だんじり」も、プーリーの「ジャガンナート祭」に由来する（！）とクンナさんは言うんだけど、ほんとなんだろうか？

1月29日

大阪では、スーツを着たサラリーマンやOLが自転車で通勤ダッシュをしていた。それに混じって、朝の大阪市内を駆け抜ける。

曾根崎新地《そねざきしんち》から国道1号線が2号線に変わった。

「西国に来たんだなあ」と感慨を新たにする。2号線は車道も歩道も広々として快適。

途中、甲子園球場に寄り、球場わきの神社で「野球塚　岡田監督謹書」なるものに絶句。

野球までが神様になっている。

タイガースが古き良きダメ虎《とら》に戻るよう祈願。

甲子園わきの「野球塚」

自力熱燗とつまみのごぼう天

昼ごろ、神戸着。

ここには異人の神様が大勢いらっしゃる。全部はキリがないから、自分にゆかりのあるところだけを回った。

まず、インド系商人が中心になって設立した日本最古のモスク、「神戸モスク」。

それから、ジャイナ教寺院。

ジャイナ教はインドでは有力な宗教だ。仏教と同じころ、バラモン教から分かれた。米粒を並べて「卍《まんじ》」を描いた、奇妙なお供え物があった。

寺院は修復中だったが、ヒンズー寺院と酷似していた。

モスクでもジャイナ寺院でも、もちろんインド行きを祈願。

締めに、南京町《ナンキンまち》招福を歩く。ニンニクや八角の匂いが漂い、長らく世話になってきた中国・台湾が懐かしい。

願いが叶《かな》うよう、しきたりに従い、獅子《しし》が足で押さえている玉をなでる。

明石《あかし》から船に乗り、淡路島へ。急に冷え込んできた。

民宿や旅館はみんな閉まっており、日が暮れた寂しい町を震えながら行ったりきたりする。やっと、一軒見つけ、「今日泊まるところないんです」と頼みこんで泊めてもらう。

雑貨屋で日本酒の小瓶を買ってきて、自分のプラスチックカップ（カンボジアで購入）にお湯を注ぎ、その中に酒をつけて「熱燗《あつかん》」にしようとする。人肌の温度になり、ささやかな喜び。

1月30日

午前中いっぱいかかって淡路島を縦断して南端の港に到着。

いよいよ対岸である四国・鳴門《なると》へフェリーで渡ろうとしたら、なんとフェリーがなかった。

「もう二〇年前に廃止されましたよ」と言われ、あ然。

地図で見ると、鳴門海峡には青い点線で航路がいくつも記されていたので、てっきりあるものと思っていたが、それはみんな、「うずしお観潮船」だった。対岸ギリギリまで行ってまた元に戻ってくるクルージング船なのだ。

鳴門のうずしおにやられた。

大鳴門橋は自動車専用道路なので自転車の通行はできない。

淡路・洲本の神社にあった「たぬき大明神」(何かに似ている…)

バスがあるが、自転車は分解して専用の袋に詰めないと載せることができないという規定がある。

港の警備をしているおじさんにそれとなく話しかけて相談してみたら、「バスの運転手に直接交渉してみなさい。人によっては、載せてくれることもある」と言う。

1時間後、バスがやってくる。

「兄ちゃん、きばってな!」というおじさんに押され、運転席へダッシュ。

「すいません、フェリーがあると思ってここまで来ちゃったんですが……。もう、どうにもならなくて……」

一瞬困った顔をした運転手は、「……、ま、今回だけですよ」。

ラッキー!

急いでキタ2号をそのままトランクに積み込み、自分も乗車。

窓の外にいる警備のおじさんにOKサインを出すと、おじさんは頭の上で「いいともサイン」をつくって微笑《ほほえ》んだ。

無事、鳴門海峡を渡り、生まれて初めて四国の土地を踏む。
そのまま走って徳島に宿泊。

1月31日

私の旅をおもしろがって、わざわざ現地までやってきた幻冬舎の雑誌「パピルス」編集者二人と落ち合い、インタビューを受ける。

私が二週間以上もかけてたどり着いた徳島に、彼らはポンと飛んできて、ポンと帰っていった。

多少複雑な気分だったが、知り合いに会えたのは嬉《うれ》しかった。


今日は停滞だが、市内の万福寺《まんぷくじ》だけ参拝。

ここには日の丸と一緒に「仏教の旗」がたなびいている。

仏教の旗とは、タイやミャンマーで使われているもので、赤、オレンジ、黄など、太陽の光に似た色を組み合わせた旗だ。

観音像と「仏教の旗」

真言とマザー・テレサという夢の共演

日本で見るのは初めてである。

大乗仏教では使用されてないはずだが、そんなことはどうでもいいのだろう。

本堂には、オリビア・ハッセー主演の映画「マザー・テレサ」のポスターが。

しかも本尊の真言《マントラ》が記されたすぐ横に。

寺院の本堂に異教徒の聖女の映画広告が出ているとは、なんと仏教らしい。日本らしい。

もう、何でもありなのだ。

2月1日

気合いを入れなおし、室戸岬《むろとみさき》へ向けて出発。

四国八十八ヶ所霊場コースに入ったため、そこかしこでお遍路を見る。

バスや車で回っている人のほうがずっと多いが、歩いている人も少なからずいる。

八十八ヶ所だけが四国の霊場ではない。

八十八ヶ所はメジャーに間違いないが、その他に、「新四国曼荼羅《まんだら》霊場」とか「阿波秩父《あわちちぶ》観音霊場」とか「徳島七福神」など、マイナーリーグ、いやマイナーな霊場がいくつもある。

午後に遭遇した「鯖大師《さばだいし》」というのもマイナー霊場の一つ。「鯖を三年断つことによって病気平癒《へいゆ》・子宝成就・心願成就が達成できる」という。

弘法大師と鯖がどういう関係なのか、看板からは今ひとつ飲み込めない。

それに、鯖を三年断つというのは、そんなに厳しいことなのか。だいたい、どうして秋刀魚《さんま》や鰯《いわし》じゃなくて鯖なのか。大師さんの好物だったのか。逆に、大師さんが嫌いだったのか。

謎《なぞ》ばかり深まるお寺だ。

高知県に入った。甲浦《かんのうら》という小さな漁村に到着。

ここには放し飼いの犬が何匹もいた。

私はこういう、つながれていないアジアのワンコを「アジワン」と呼んで愛している。

縁側で話し込んでいる年寄りたちの間をアジワンがひょこひょこ歩いていて、景色は完全に東南アジアの片田舎《かたいなか》。

「鯖を断て」というのに、
そこらじゅう鯖だらけの鯖大師

夕日の路上に立つアジワン

＊あとで知ったが、ちゃんと縁起があった。

昔、塩鯖を積んだ馬子が弘法大師に会い、鯖を求められたが、断った。すると、馬が病気になってしまったので、馬子は懺悔して、大師に鯖を献じると、大師は馬を治し、しかも鯖を海に放つとそれも生き返って泳いでいった。そこで馬子は発心し大師の弟子となり、ここを霊場とした……とのことだ。鯖はここで最も日常的な食材だから、昔は三年断つのはけっこう難儀だったかもしれない。

第四週　2月2日〜2月8日（甲浦〜四万十）

2月2日

朝7時、夜明けとともに出発。

身を切るような冷気の中、坂を駆け上がると、峠から海が突然ひらけ、ご来光がピカッと母子らしき観音像を照らしていた。

思わず息を飲む。

ものすごく勘のよい人がこの像をここに建てたのだろう。

観音様はもちろん、太平洋から昇った太陽にも思わず手を合わせる。何も願わずに。

室戸岬までは集落も少なく、人影も皆無。多少の車を除けば、この海もこの朝日も私の貸切……と思ってたら、珍客が出現。

サルである。初め、二匹、三匹が道を渡るのが見えたが、やがて左の茂みにも右の崖《がけ》にもわんさかいるのに気づいた。

全部で二〇匹はいただろう。サルたちは私から10メートルほど距離をとっていたが、恐れる様子はなく、何かを奪い合ってキーキー喚《わめ》いたり、道路脇《わき》のフェンスをよじ登りながらもつれあったりしている。

いったいここはどこだろう？ サファリパーク？


室戸岬に近づくと、恵比寿《えびす》神社、巨大な「夫婦岩《めおといわ》」、大師が修行したという洞《どう》窟《くつ》神社「御厨人窟《みくろど》」など、神仏ポイントが激増。

私もにわかに忙しくなるが、メインはやっぱり八十八ヶ所巡りでの屈指の名《めい》刹《さつ》・最御崎寺《ほつみさきじ》だ。

先に来ていた歩き遍路さんに、さっき地元のおばちゃんにもらったポンカン（みかん）を渡して立ち話。

「ここまで11日かかりました。でもまだ全体の七分の一。なんとか、45日間で歩きとおそうと思ってたけど、無理そうですね……」

もう一人、「地元の風来坊」を自称する変なおっさん（といっても私と同じく

らいの歳《とし》）が現れ、

「八十八ヶ所の寺の収入はすごいよ。賽銭《さいせん》と納経代だけで一年で一億はいく。市会議員をやっとる住職もおるしね」

と、敬虔《けいけん》な遍路さんに思いっきり水を差す。

遍路さんはかまわずお経を唱えだし、風来坊はどこかへ消えた。

室戸岬を回ると突然強い向かい風が吹き始めた。

キタ2号が前に進めず、悶絶《もんぜつ》している。もちろん、私も。

そのとき、「おーい！」と呼びかける車が。見れば、さっきの「風来坊」だった。

たまげたことに、缶ビール（発泡酒の５００ml）を飲みながら軽自動車を運転しているではないか。室戸はサファリパークから無法地帯に進化したらしい。

車を停《と》めるなり、風来坊は缶ビールを手にして、

「このビールね、ふつう、２１０円でしょ。でも、１３０円で買えるところがあるんですよ」

と、わけのわからんことを言う。

ご来光と母子観音

私にポンカンをくれたおばちゃんと、
アジワンの「フウちゃん」

ついて来いというので、一緒に行くと、道路わきに自販機コーナーがあって、その中のいわゆる「第三のビール330ml　130円」を押したら、ほんとに発泡酒の500ml缶が出てきた。

「ね、ほんとでしょ？　この自販機、変なんだよ」

風来坊はうれしそうに笑い、私もあまりのバカバカしさに脱力。車と自転車をそれぞれ歩道に停め、アスファルトにべったり腰を下ろして、地元の風来坊と旅の風来坊は一緒にビールを飲む。

1時間ほど「風来坊」のほんとかウソかわからん話に付き合う。話が次第に「高知のヘルス嬢にええ子がおって」みたいな下ネタに移り、ビールの酔いも完全に醒《さ》めたので、深入りしないうちに別れを告げる。

襟裳岬《えりもみさき》には何もないらしいが、室戸岬にはずいぶんと変なものがある。

阪神とオリックスの二軍がキャンプを張っている安芸市《あきし》に到着。北風がすごく、強烈に冷えている。どうしてこんなところでキャンプを張ってるんだろう？　大阪や兵庫のほうがあったかいのに。

2月3日

安芸市から香我美《かがみ》というところまで10キロくらい、すばらしいサイクリングロードが続いていた。

これまで自転車というだけで当たり前のように虐げられてきたため、突然自由を与えられた奴隷のように「え、いいの？　何か裏はないの？」と一瞬不審に思ったくらいだ。

キタ2号も嬉《うれ》しそうで、足取りも軽い。

漁村の前や海辺の松林の中をすいすいと進む。

高知市内に近づき、「土佐《とさ》名物　エチオピア饅頭《まんじゆう》」なる店を発見。新奇なものかと思いきや、昭和の初期に先々代くらいの店主が、「イタリア侵略軍に抵抗するエチオピアに感激して作った」という。

饅頭は、なんにでもかこつけて作るのが本来の姿らしい。信心にも一脈通じるところがあると感心して、一箱購入。

坂本龍馬《りょうま》の銅像に参拝して即席に雄大な気分を味わったあと、ひたすら海沿いに西へ。

この辺も漁師町だけに、いい神社やお地蔵さんが多い。

神社をさけて、道路が一時的に二股《ふたまた》に分かれているという、珍しい場所もあった。

ミャンマーやタイでは、木と屋根がぶつかると、木を切らずに屋根を切っていた。ここも道路が神社をよけている。

アジアの匂《にお》いが残っているのだ。濃厚に。

須崎《すさき》という何もない町で、一軒だけ開いていた民宿に泊まる。

土佐名物、エチオピア饅頭

神様優先道路

2月4日

7時に出発。いきなり久礼坂《くれざか》というものすごい上りに出くわす。キツいが早朝の上りは目が覚めるし、体が温まるからよい。それに、東京を発ったときと比べれば、多少は体力もついてきた。

9時前、七子峠《ななことうげ》に到着。幾重にも折り重なった山並みの果てに海が見える。思わず手を合わせる。

ほどなく、四万十川《しまんとがわ》の上流域に到着。

私はかつて「四万十・ナイルの会」という、ユニークなNGOに参加してアフリカのルワンダに通っていた時期がある。ナイル川にはすぐ出会えたのに、四万十川には出会うのに九年かかった。

キタ２号、四万十川に到着！

狸に化かされぬよう注意!?

感無量だ。

川沿いの道をとろとろ走る。

日本一の清流は、年々汚れが進んでいるらしいが、それでも他の川に比べれば十分美しい。

四万十は不思議な川で、上流部でいったん海に接近し、それから再び山の中へ戻っていく。だから、下流に行くにしたがい、山が深くなり、人家もまばら、車も減る。

水が少なく、流れがゆるやかなこともあり、「あれ、間違えて上流に上ってしまってるんじゃ……」と、ときどき心配になるくらいだ。

国道がところどころ一車線になり、僻地度《へきちど》が高まる。

長旅の疲れだろう、ペダルを漕《こ》ぐたびにキタ2号がギシギシ、シャリシャリと苦しそうな声を出す。手入れしてやらなきゃなあ。

四万十の岸辺を走ること70キロ、ようやく探検部の先輩の住む西土佐・口屋内《くちやない》という集落に到着。

先輩に電話しようとしたら、いきなり集落丸ごと携帯電話の圏外。

しかたなく公衆電話からかけたら、電話ボックスの向かいの家が先輩宅だった。

こうして、この旅の「第一目的地」ともいえる四万十の先輩宅に到着した。しばし、放心。

私とキタ2号の休養を兼ねて、ここでしばらく逗留《とうりゅう》させてもらう予定。

＊NTTドコモの携帯は電波が届く。

2月5日

いつもの習慣で5時に目が覚める。日記をつけていたら、突然ウウウ〜〜〜と大音響でサイレンが鳴り響いた。

何事かと驚いたら、田舎《いなか》暮《ぐ》らしで、やはり毎日4時か5時に起きる先輩が苦笑した。

「あれは6時の時報や。『みんな、起きろ』って合図や。ほとんどの人はもう起きとると思うけどな」

先輩は山田高司といい、早稲田《わせだ》ではなく東京農大探検部のOBだ。

「地球を川で結ぶ」という壮大な目標を掲げ、日本を出てから、ほぼ二〇年、アフリカや南米で川を下ったり木を植えたりしていた。

絶対に沈まない鉄道の橋と、沈むためにある沈下橋

賑やかな無人市

日本を代表する冒険・探検家であると同時に、国連から名指しで「あなたの手を借りたい」とお願いがくる、世界的な環境活動家でもある。
一〇年ほど前に帰国し、郷里の高知県中村（現四万十市）に近い西土佐に居を構え、ここで「四万十・ナイルの会」を設立、「世界と日本の環境と川をつなぐ」という活動をしている。

私は山田さんのお供でアフリカを旅したことがあり、今でも山田さんが上京すると私の家が定宿になっている。私の「師匠」と言ってもいい。互いの近況報告や、アフリカや探検部時代の昔話であっという間に時間が過ぎていく。

夕方、ぶらっと自転車に乗り、四万十川名物の沈下橋の写真を撮りに行く。昨日も遠くから見たが、時間の余裕がなく、橋まで下りられなかったのだ。

沈下橋は、コンクリートだけで作られた簡素な橋だ。いくら橋をかけても洪水に流されてしまうので、「いっそ、水に流れない橋を作ろう」と抵抗を最小限にした丈夫で低い橋を作るようになった。

四万十名物のひとつで、風情《ふぜい》がある。

上を走ってみると、意外に大きい。

今は水が少なく、とてもこの橋を越える水かさになるとは思えないが、山田さん曰《いわ》く、「ちょっと大雨が降れば、すぐ橋は沈む」。

夜は、仕事から帰ってきた山田さんの奥さんの貴子さん、保育園から帰ってきた息子の龍樹《りゅうき》君（四歳）と娘の水凰《みお》ちゃん（二歳）も加わり、たいへんな賑《にぎ》やかさ。

夜8時ごろ、「村内放送」というのが家の中に鳴り響く。村の集まりがあるとか、ゴミの分別についてどうのとかいう伝達事項だ。

「これは、けっこう便利なんや」先輩は言う。

「洪水のときにはすぐ避難の知らせがくるし、徘徊《はいかい》老人がいなくなったから探してくれという連絡もたまにある」

一昨年（2005年）の夏、四万十川が氾濫《はんらん》したとき、先輩宅は二階近くまで水に浸《つ》かったという。たしかに必要な連絡方法らしい。

2月6日

6月に講談社から刊行が予定されているトルコの怪獣探索紀行『怪獣記』の原稿手直しにとりかかる。

終日、執筆に没頭。

頭はトルコに飛んでおり、ふと我に返ると、四万十にいる。不思議だ。

四万十の水と戯れるキタ２号（※これはイメージです）

山田さん一家、自宅前に勢ぞろい。
私の携帯「圏外」も納得の風景

2月7日

丸二日、神仏に祈願してなかったら、不安になってきた。あれだけ毎日、三週間も神頼みを続けると、「神様中毒」になるらしい。買い物も兼ね、いちばん近い中村の町に向かう。片道25キロだが、荷物を搭載してないので、キタ2号は余裕の表情。

川の岸に朱の鳥居だけ建てられた場所が二ヶ所あった。どうも川そのものが御神体であり、社《やしろ》の必要もないらしい。

そのほか、「ひやんさま」と地元の人が呼ぶ正体のよくわからない神様か仏様、緑の苔《こけ》が絨毯《じゆうたん》のように敷き詰められた古い神社などにお参りし、手を合わせていると、気持ちがおさまってきた。

川の神に祈ると、禁断症状がおさまった

買い物帰りに見た屋形船

ところが、町に着き、久しぶりに大型スーパーに入ったら、物欲が爆発。土佐の銘酒「酔鯨」と白ワイン、それに酒の肴《さかな》やらお菓子やらをどかどか買い込んでしまう。

「重い荷を背中にしょってはいけない」という自転車の鉄則を破った代償は高く、帰りは死にそうになる。

先輩宅近くの金毘羅《こんぴら》神社で、「私の煩悩《ぼんのう》を減らしてください」と深く祈願。

2月8日

今回の旅では、飯には悩まされてきた。

日本は他のアジア諸国に比べて外食産業が発達していない。特に小規模な都市では飯屋が実に少ない。そして、そういう町のレストランや飯屋は、たいてい東京都内よりまずく、値段は都内より高い。

うまいのはうどんやラーメンなど、麺類《めんるい》くらいだ。

四万十川流域のような、携帯の電波もろくに届かないところでは、飯屋なんて期待するしない以前に一軒もないだろうと思っていたら、すごい店に出会った。

山田さん宅の斜向《はすむ》かいにある「農家レストラン　しゃえんじり」。

「しゃえんじり」とは「裏庭の野菜畑」という意味の土地言葉だそうだ。

名前どおり、地元の人たちが自分のところでとれた野菜を持ち寄って、食堂をはじめたんだという。

店内に入れば、大皿に料理がずらっと並んでいる。

1000円で食べ放題というビュッフェ式。

メニューはバラエティ豊富だ。四万十名産の「菜の花（味噌《みそ》だれ付き）」、「冬野菜の白和《しらあ》え」、「大根の煮物」、「野菜の天ぷら」、「あめご（岩魚《いわな》に似た魚）の南蛮《なんばん》漬け」……と旨《うま》そうな地元料理が勢ぞろい。

この店オリジナルのメニューもある。

「猪《いのしし》コロッケ」とか「鹿肉のつくねあげ」そして「猪汁」。

「鹿肉なんて、誰がとってくるんですか？」思わず、店のおばさんに訊《き》くと、入り口の方を指差して、「となりの人」。

これには笑った。

「うちはね、みんな、自分たちでとったものだけよ」と別のおばさん。

「野菜は朝、畑からとってきたもの。魚は川の漁師、鹿や猪は山の猟師がとって

完全自給自足食堂「しゃえんじり」

竹の器に入った「猪コロッケ」と「鹿肉のつくねあげ」
（「その竹もうちのです」とおばさん）

くる。米だって、自分とこで作ったやつだからね」

山の猟師も川の漁師もこの「しゃえんじり」の十一人のメンバーで、もっと言えば、ただの隣近所である。

完全自給自足生活というのはあるが、「完全自給自足食堂」というのはすごく珍しいんじゃないか。しかも、これだけバラエティ豊かなメニューを出すところは。

しかも旨い。鹿肉のつくねあげは味噌とネギが野生動物の臭みを消しつつ、肉々しさが残っていて、これを肴に一杯やりたくなる。

でも、いちばんは、猪汁。豚汁の猪版だが、猪肉の脂身を使っているのが決定的にちがう。脂身なのに身が締まっていて、味が濃い。しつこくもない。コクがあるから汁も旨い。

季節や日によって、とれるものがちがうからメニューも変わるというが、それもいい。ついでに言えば、子どもがいなくなって廃止された村立保育園を、やはりメンバー（近所）の大工さんが改造した店もセンスよし。

今回の旅で出会った飯屋の中で断トツNO．1だ。

「チャリンコ神頼み旅グルメ大賞」を授与すると同時に、ぜひ広くみなさんに紹介したいと思った次第。

第五週　2月9日〜2月15日（四万十〜高千穂）

2月9日

仕事をしようとするが、山田さんとしゃべってばかりで全然進まない。仕事よりそっちのほうがおもしろいんだからしかたない。

「電気を利用して走る車をよく『エコ・カー』なんて言いますけど、大嘘ですよね」

「そや、電気は主に火力か原子力で発電してるんやからな。火力は当然CO_2が出るし、原子力がエコのわけもないしな」

「いっそ、ぼくらでほんとうのエコ・カーを作って、それで世界を旅しましょうよ」

「ええな！　太陽発電と風力を組み合わせたら、世界一周くらい、なんとかいけ

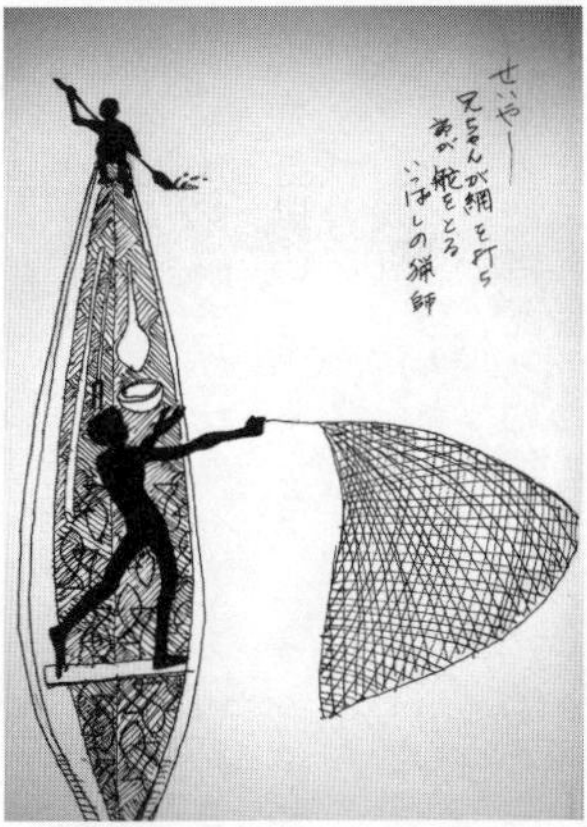

山田さんの描いた絵。「投網を打つ少年」

同じく「今日は市が立つ日」

るんとちがうか」

……とかいうヨタ話を夢中でしてるから仕事が進むわけない。

山田さんがアフリカで描《か》きためたという絵を見せてもらう。ざっと三〇枚ほど。

「パリで働いているとき、アフリカを思い出して描いたんや」

すばらしい。

どの絵も、アフリカとアフリカ人の生活そのものだ。

この人はほんとに何でもできるんだなあ、と呆《あき》れる。

2月10日

山田さんちから数キロ上流にさかのぼったところに、唐突にものすごく巨大な吊《つ》り橋《ばし》が出現する。ベイブリッジみたいなやつだ。

橋をわたっても大きな集落など一切ない。不思議に思って山田さんに訊《き》く。

「あれは農道や。バブルのとき、農水省が金を出して、あんなむちゃくちゃなもん、日本中にたくさん作ったんや」

農道!?　思いもつかなかった。

地方には「私の知らない世界」がゴマンとある。

もし、今の人類が滅び、未来の人たちがあれを見たら何と思うだろう?

「王が特別な儀式のときに通る神聖な橋」とか解釈されたりして。

軽トラもめったに通らない「四万十ファーマーズ・ブリッジ」

2月11日

山田さん一家と、彼のほんとうの故郷である足摺《あしずり》岬《みさき》周辺へドライブに行く。

1958年生まれの彼が子どもの頃、この辺はほんとうに「秘境」だったらしい。

なにしろ、当時テレビでやっていた世界の秘境ドキュメンタリー「すばらしい世界旅行」をテレビのある家でみんなで見て、「外国にもわしらとおんなじような生活をしとる人たちがおるんやのう」と、共感をおぼえていたという。

当時は未舗装道路が一つあるだけ、車なんかめったに通らない。たまに車が通ると山田少年はむちゃくちゃに興奮し、授業中でも「あ、車や！」と叫んで教室を飛び出し、あとを追いかけたという。

今でも、のんびりした田舎《いなか》である。

イカがずらりと干してある出店があった。これでもかというくらい、いっぱい干してある。

一夜干しというが、ものすごく新鮮だ。七輪で炙《あぶ》った切れ端を試食すると、旨《うま》いなんてもんじゃない。これ、ほんとにただのイカなのか？

思わず、三杯1000円で買う。売っているおばちゃんは、なんと山田さんの小学生のときの同級生だった。

「あー、誰かと思ったら、山田君かあ。あたし、ここに嫁いだんよ」

三十数年ぶりの、のんびりした再会。山田さんが世界中を旅している間、この女性は淡々とイカを干し続けていたらしい。

足摺岬周辺のお寺もまわる。どこの寺にも海亀にちなんだ縁起物がある。これでもかというくらい亀ばっかし。

「この辺りは昔、海亀がぎょうさんおったよ」と山田さん。

山田さんの語る昔の足摺には抗《あらが》いがたい「辺境」の魅力がある。

今、私がいちばん行きたい場所は「昔の日本」だ。

イカなんです！

亀なんです！

2月12日

なんとか仕事が片付き、山田さんの予定も空いたので、ようやく念願の四万十カヌー下り。

「いやあ、初めてのカヌーが冬の四万十なんてかっこいいですね」と私が言ったら、

「え、おまえ、カヌーに乗ったこと、ないんか?」山田さん、本気でびっくり。そりゃそうだ、「一緒にカヌーでナイル川を下りましょう」とか「ミャンマーのイラワジ川下りもいいですよ」と私がさんざん言っていたのだ。まさか、未体験者とは思わなかったんだろう。

でも、山田さんは大人《たいじん》。

気分だけはいっぱしの川下り屋・高野秀行

世界最高峰の川下り屋・山田高司

「まあ、ええ。すぐ覚えるわ」

この辺のてきとうさが探検部のノリである。


二人乗りのインフレータブル・カヌー（空気を入れてふくらませるカヌー）に乗り込み、何の練習もなくスタート。

パドルの握り方と基本的な漕《こ》ぎ方を1分で教わったら、不器用な私にしては珍しく、すぐできた。

「おう、よくできとるな。大丈夫や」国内・国外を問わず、日本人で（もしかしたら世界中で）最もたくさん川を下った男・山田師匠からお墨付きが出た。

理由は簡単。カヌーのスピード感は自転車にそっくりなのだ。ちがいは、上半身を使うか下半身を使うかぐらい。

焦らずたゆまず漕いでいれば、流れに乗る。

早瀬では宙にすっと浮くような感覚がたまらない。

「川はええなあ」最近すっかり耳になじんだ土佐弁でつぶやく。

川にはトラックが走っていない。川原にテントを張るのもたやすい。

ミャンマーのイラワジ川下りなんか最高だろう。川だけでなく、人もいい。

実は、去年、私たち二人は本気でイラワジ下りを計画していた。ミャンマーで旅行会社を経営している友人に許可関係を調べてもらい、見積もりまで出してもらっていたくらいだ。それが「インドの謎《なぞ》の魚ウモッカ」の登場で、私が先輩に頭を下げてキャンセルさせてもらったのだ。


「来年こそ、イラワジ下り、やりましょう！」

新米カヌーイストは、高らかに宣言、私たちは終点である山田宅前に到着した。

たった7キロの入門者コースを終えただけだが、それは半年前、初めてキタ2号に乗ったときの感激に酷似していた。

何か、新しいものが自分の中で始まる予感。


やりたいこと、やらねばいけないことが、どんどんたまっていく。

みーんな、遊びなんだけど。

2月13日

九日ぶりにチャリ旅再開。

いつもは8時になっても起きない山田さんの長男・龍樹君が、自分で6時に起き、奥さんが作ってくれた私の昼食用おにぎりをラップに包んでくれた。思わずグッとくる。


第二クールの始まりだ。

四万十川の支流沿いに遡《さかのぼ》る。休息中、丹念に手入れをしてやったせいだろう、キタ2号はノイズもすっかり消え、すいすいと気持ちよさそうに走る。

愛媛県に入ったところで、おもしろいものに出くわす。

空き缶やビニール袋が散乱したところに、真新しい、小さく赤い鳥居が二つ立てられている。

鳥居には「ごみ神社」の文字が。

おそらく、ゴミの不法投棄に悩んだ住民が知恵を絞った結果なのだろう。通行人の倫理でなく信心に訴えようというのだ。

しかし、ごみ神社の御祭神は何だろう。ゴミ？　それとも、「ゴミを捨ててはいけない」という抽象概念？

深く考えれば、哲学的・宗教学的に複雑きわまりないが、深く考えないのが日本人の信心だ。

「ここにゴミを捨てる人が減りますように。ついでに、地球環境がこれ以上悪化しませんように」と祈願。ちょっと荷が重いか。

宇和島《うわじま》を経て、午後3時前、八幡浜《やわたはま》に到着。

ここには新しい旅の相棒「ワタル青年社長」が愛車の「ワタル2号」に乗って待ち受けていた。

冗談でなくれっきとした会社経営者なのに、私と伴走したいがために無理やり数日の休みをとり、夜行バスで駆けつけたのだ。
これまで日本中を徒歩と自転車で旅してきた三二歳だ。
ガッチリ握手を交わして、九州行きのフェリーに乗り込む。
2時間後、大分の臼杵《うすき》に到着。臼杵にはワタルの嫁さんの実家がある。
肝心の嫁さんがいないのに、そこにお邪魔しようという魂胆だ。四万十であれ
だけ先輩宅に厄介になった余熱も冷めないうちに、また別のお宅にGO!
タカリ旅とそしられても言い返す言葉がない。
ワタル夫人の実家は、夫人の両親、祖父母、妹二人、上の妹の子ども二人とい
う、四世代八人が楽しく暮らす、古き良き大家族。
おかげで子どもたちは、ヒゲ面の怪しいおじさんにも警戒心ゼロだ。
夜には高野本の大ファンで、著者の私より私の著作に詳しい「親戚《しんせき》のユカちゃ
ん」まで別府から駆けつけ、大宴会。
大酒豪のお父さん、ふつうの酒豪のワタルにつられ、この旅はじめての深酒。
前後不覚のまま、倒れて寝る。

環境問題の切り札は神様？

なぜ、こんなに楽しそうなのか？

2月14日

「明日は7時出発です！」と高らかに宣言していたのに、目覚めたのは8時。しかも、体中に酒が残っている。おまけに外は雨。

だが、家にいると、またちびっ子たちの支配下に置かれるので、急いで出立。

当初の予定では、素直に海岸沿いに南下するつもりだったのに、せっかくワタルが参加したんだから、と山ルートに急遽《きゅうきょ》、変更。

全身を雨具に包み、気合いを入れて発進する。

臼杵は崖《がけ》に彫られた石仏「磨崖仏《まがいぶつ》」で有名。

「日本のバーミヤンですよ」とワタルが力説するので立ち寄る。バーミヤンとは、アフガンでタリバン政権に破壊された石仏があるところだ。

磨崖クルスにアーメン

風雨を突いて爆走

本尊格の石仏は、首が落とされていたのをつい十数年前、修復されたという。説明によれば、「キリシタン大名・大友宗麟《おおともそうりん》により寺は破却された」とのこと。石仏の首を切り落としたのは大友宗麟かもしれない。とすれば、ほんとうにアフガンのバーミヤンと同じだ。

「日本がキリスト教に侵されなくてほんとうによかったです」と、石仏と家康に思わず感謝。

ところが、そこから5キロほど行くと、今度は「磨崖クルス」なるものに出くわす。

江戸時代に入り、幕府に弾圧された隠れキリシタンが岩に十字を彫り付け、ひそかに守っていたのだという。クルスにはちゃんと花が供えられ、それが単なる遺跡でないことを証明していた。

「すみません。キリスト教が悪いんじゃないんです。他人の信心を邪魔することがよくないんです」

神の祟《たた》りをことのほか恐れる私は、慌ててイエスに謝罪、釈明。

それにしても、磨崖仏と磨崖クルスのなんと似ていることか。

弾圧し、弾圧され、それでも信心はつづく。

今回の旅はじめてといえる本格的な雨、そして激しい風に苦しみながら、夕方、竹田市に到着。

料理も親父《おやじ》さんもすさまじい飲み屋に遭遇、またしても酔い潰《つぶ》れる。

2月15日

竹田市から尾平峠《おびらとうげ》を越えて高千穂をめざす。

飲み屋の親父さんも、ホテルの人も、道を訊《たず》ねた地元の人も、口をそろえて「あの道はきつすぎる。やめたほうがいい」という。

〝人のやらないことをやる〟が信条の私は、むやみに熱く燃える男・ワタルとともに、最悪の峠越えにチャレンジすることにした。

天気は快晴、古い情緒が色濃く残る竹田市内を流したまではよかったが、昨日の疲労と深酒が残っている。

加えて、のっけから「幻覚じゃないか!?」と疑うような急坂の連発。

情報どおり、車の通りもほとんどない。デイサービスとクロネコヤマトのトラックくらいだ。

標高はさほどでもないのに、谷が深い。どーんと落ち込んでは、その分、上らねばならない。

その坂の険しいことったらない。

キタ2号のギアをいちばん軽くして踏ん張ったら、前輪が浮いて後ろにひっくり返りそうになったくらいだ。これにはたまげた。

若いワタル社長も、首から下げた一眼レフが重いらしく、激しくあえいでいる。


バスの姿は見えないのにバス停だけはある。もっともそこにはお地蔵さんがおわすのみ、地蔵堂と化している。

神社や祠《ほこら》があると、ホッとしたようにお参り。それが何よりの休憩なのだ。そして、「この峠をなんとか越えさせてください」と思い切り目先の願を掛ける。インドどころではない。

私ひとりならとっくにキタ2号から降りて、押して歩くものを、ワタルが頑張るものだからそうもいかない。若さでは負けるが、こちらもチャリ旅一ヶ月の意地がある。

竹田を出て4時間を過ぎた。沢から離れ、本格的な峠越えに入る。
いつの間にか、九州では有数の高山である祖母山《そぼさん》付近の尾根に近づいている。景色は登山で見るときのそれで、どうしてチャリンコでこんなところにいるのか理解できない。

絶体絶命のピンチがつづき、「あー、この坂があと100メートル続いたらダメだ」と思ったとき、尾平越トンネルが見えた。

「やったー!」と歓声をあげて、無人のトンネルを突っ走り、大分県から宮崎県に出る。標高980メートル。阿蘇山《あそさん》の火砕流が削った、荒々しい九州中央部の山塊のど真ん中だ。

「ワタルが一言『ダメです』と言ってくれたら、俺《おれ》は降りてチャリを押していたよ」

そう私が言えば、彼も笑って、

「ぼくも、タカノさんが『ワタル、もうダメだ』と言ってくれるのをずっと待っ

バスを待つのは神仏のみ

山越えの険しさにへたり込む、
ワタル社長とワタル２号

てたんですよ」

酒好きの二人旅は、飲みだすとあっという間に安易な方角に流されるが、つまらない意地の張り合いが功を奏す場合もあるらしい。

今度は坂を一気に下る。

さっきまで「うわ、きつー!」とわめいていたワタルが、「うわ、さみぃ!」と騒ぐ。

私にはおなじみの「急速冷凍」の洗礼を浴びている。

午後3時ごろ、天岩戸《あまのいわと》神社に到着。熱い肉うどんをかきこんで身体を解凍。神社に参拝し、今日の無事を感謝。さらに、もう一頑張りして、ようやく高千穂に到着。

この辺は、宮崎県ながら、文化圏は熊本らしく、「ぼくばい(だめだよ)」「行くばい(行くよ)」など、語尾に「ばい」がつく。

「タケオとハルカはラブラブばい!」小学生の一群が大声ではやし立てながら、坂だらけの町を走っていった。

第六週　2月16日～2月22日（高千穂～鹿児島）

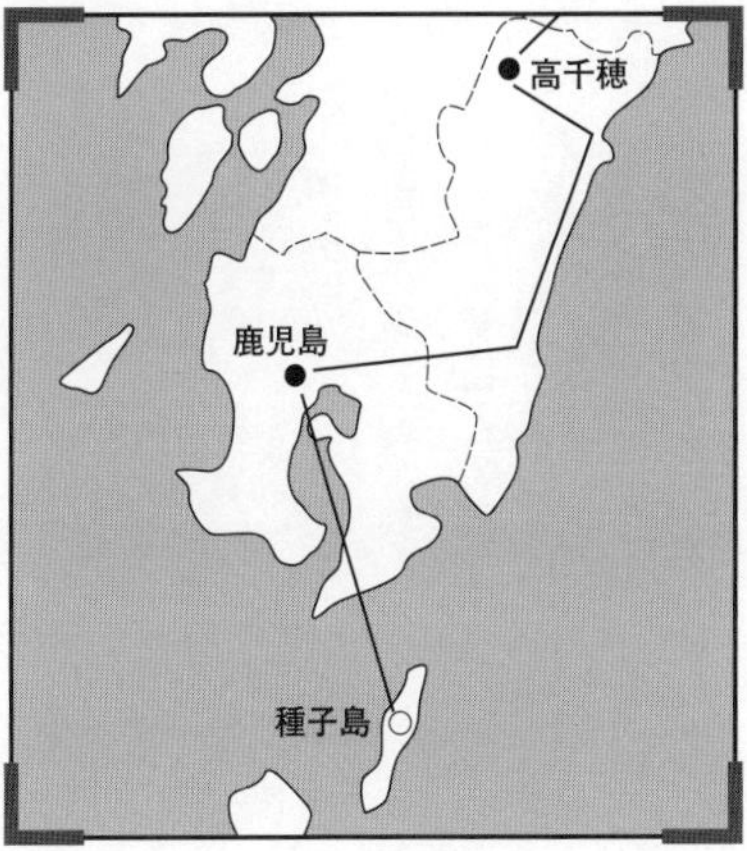

2月16日

激烈に冷え込む高千穂を朝7時に発ち、海に向かって下る。

1時間も行かないうちに、パーン！　と派手な破裂音が響いた。パンクだ。キタ2号を止めてタイヤを見ると、長さ4センチほどの釘《くぎ》がぐっさり刺さっていた。かじかむ手で予備のチューブと交換したら、そのチューブも穴が開いていることが判明、結局、二度にわたる開腹手術でキタ2号はなんとか命をとりとめた。

オペに2時間も費やしてしまう。

走りを再開するも、昨日の疲れで二人とも足が動かない。

延岡に着いたのは午後1時近く。もうへとへとである。

高千穂山中にて、キタ２号の大手術始まる

道の駅・日向の絶品「焼き鯖寿司」

しかし、本番はここから。

海沿いの道は平坦《へいたん》で走りやすい。私は突如、ギアが入り、爆走。ワタルも後をぴたりとついてくる。

最後、日がとっぷりと暮れ、真っ暗な道を手探りするように走ったため、スピードががたっと落ちたが、夜8時には目的地の宮崎に到着。

延岡から90キロをぶっ飛ばした。高千穂からは150キロ。

おかげで神仏を拝む暇がなかった。本末転倒だけど、こういう日もあっていいか。

2月17日

今回の旅では珍しい土砂降りの雨。
ワタル社長は、チャリンコ旅に死にそうなほどの未練を残し、空港に向かう。
東京に帰ってもしばらくは使い物になるまい。
相棒去って、少し寂しい気分で原稿を書く。

雨の中、旅立つワタル社長とワタル２号

2月18日

朝7時出発。依然として足が鉄アレイのよう。

雨上がりのせいか、猛烈な湿気で汗ぐっしょり。

先を急ぐあまり、宮崎の大社「宮崎神宮」をパスしてしまうが、その代わり、「余り田観世音」という不思議な名前の神社に遭遇。鳥居もあり、お宮もあるのだが、中を覗《のぞ》くと仏像と仏画。神なのか仏なのかさっぱりわからないけれど、どっちだろうとかまわない。私の願いを叶《かな》えてくれれば。

相変わらず空はどんより曇り、湿度はひどい。ペダルを漕《こ》いでいると汗だくなのに、止まって5分もすると、じんじんと骨の芯《しん》が冷えてくる。

昨日までの疲れがたたってか、キタ2号の走りが重いことこのうえない。

宮崎と鹿児島との県境で、地元の高校生らしき少年がママチャリで走っているところを軽く追い抜いた。ふつうはそれで終わるのに、その高校生、ムキになって食い下がり、隙《すき》を見て追い抜こうとする。

私は青息吐息だが、キタ2号のメンツにかけてもママチャリに負けるわけにはいかない。車もまばらなこの田舎道《いなかみち》で、誰も知らない熾烈《しれつ》なデッドヒートが繰り広げられる。

ようやく振り切ったかと安心し、神社に参拝しようとしたところで、一気に抜かれ、それっきり追いつくことはできなかった。

キタ2号のメンツ、丸つぶれだけど、これもいいか。

頑張れ、鹿児島の高校生！

だらだら坂を延々と上ったあげく、鹿児島の錦江湾《きんこうわん》が見えたところで、急激な下り。

最終的に130キロあまりを激走し、鹿児島県始良郡蒲生町《あいらぐんかもうちょう》に到着。

日本最大の楠《くすのき》のある蒲生八幡《はちまん》神社にお参り。

謎の「余り田観世音神社」

神社脇《わき》の売店に「韓国漬け　キムチあります」と広告が出ている。なんでキムチなんだ、また田舎のとんちんかんな商売か――と思いきや、横にはハングル文字が。

そういえば、伊勢神宮にも韓国人がたくさんいたし、高千穂神社にもハングル表記があった。

日本の神社は、意外に韓国人観光客の人気スポットらしい。どうしてかはわからんのだけど。

当地で電器屋さんを営む友人の小山田《おやまだ》君と再会、泊めてもらう。

2月19日

小山田君と奥さんのこずえさんの案内で、歴史散歩。

小山田家の逸話はすさまじい。

もともと薩摩《さつま》の豪族で、江戸時代初期に、絶対的な力を持つ島津家に二度も叛《はん》旗《き》を翻し、二度とも敗れた。なのに、しぶとく国侍として生き残ったという。

それだけの旧家なので独特な風習を持っている。

まず、加治木という町にある同名の家のお墓参りを毎年10月19日、一族が全員集まって行わなければならないという。加治木家は薩摩でも最も古い豪族の一つで、小山田家はその墓守という大任をまかされたらしい。四〇〇年以上、今に至るまで延々とその行事を続けているとか。

「うちの子どもたちが墓参りを続けてくれるかなあ」小山田君は、二歳と四歳の子どもを見ながら、本気でそう言う。

小山田家のお墓も怨念《おんねん》立ち込める強烈なものだったが、話が長くなるので割愛。

鹿児島でいちばん旨《うま》いというウナギ屋で、天然ウナギの魚らしい味に感銘を受け、最後のスパート。

狭い道を車がガンガン飛ばし、最後はあまりに危険なのでやむをえず、わざと道路の内側に出て、ダンプやトレーラーを止めながら走る。下手《へた》に端に寄ると、無理な追い越しをされるからだ。

午後4時、ついに鹿児島市の港に到着。車との戦いで心底消耗した。快晴の空にくっきりそびえる桜島をバックにキタ2号の記念写真を撮る。とうとう本土を走破した。明日からは島旅開始だ。

＊半年後の9月、加治木家の墓の修復中に八〇〇年前の人骨が出てきた。鎌倉時代初期のものだという。

2004年、県の指定文化財になった加治木家のお墓と小山田君夫妻

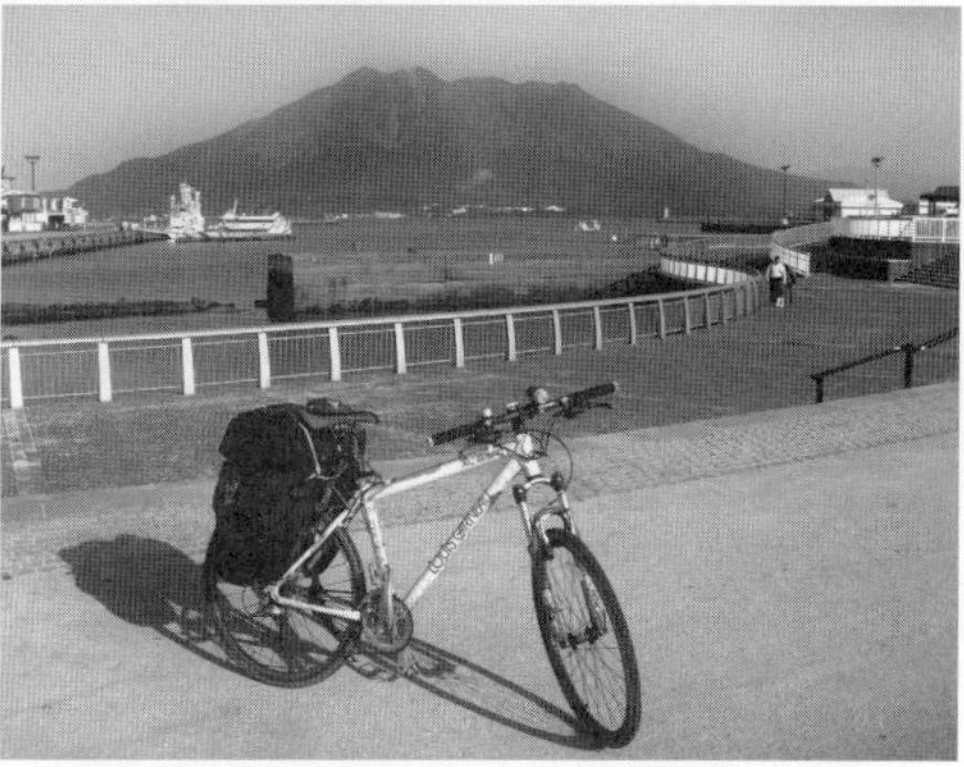

キタ２号、鹿児島に到着！

2月20日

今日から種子島《たねがしま》。当初は予定になかったが、同業のライターである妻が同島にある種子島宇宙センターの取材に行くという。ロケット打ち上げも見られるかもしれないというので、すかさず便乗することに。

自転車で走ろうと思ったが、相手はレンタカーを借りて走るというから、やむなく断念。キタ2号は鹿児島市内の市営駐輪場でお休みだ。

高速船「トッピー」でたった1時間半で種子島到着。車を借りて走る。

私も妻も、限りなくペーパードライバーに近いので、神社や祠《ほこら》らしきものがあっても止まることができない。

とりあえず宿泊地である南部の宇宙ヶ丘公園まで行き、荷をほどいてから、あ

ジャングル神社

宇宙へ行くのも神頼み？

らためて付近の神社をゆっくりまわる。

種子島の神社はすごい。濃い緑の熱帯性樹木やヤシ、棕櫚《しゅろ》に囲まれ、ジャングルの中にあるよう。

建物も柱のみで壁のない部分が多く、「さあ、気楽にどうぞ！」という開けっぴろげな雰囲気が漂っている。

「島旅でもよろしくお願いします」と祈願。

種子島で最も由緒があるらしい「宝満神社」もよかった。長い参道には海の白い砂が敷き詰められている。赤い灯籠《とうろう》がずらりと奉納されているが、その中に「宇宙技術開発（株）」というのを発見。また、ロケットの本体を作っている「三菱重工業（株）」の名前も。

宇宙開発でも神様に礼儀は欠かさないのが日本式である。

2月21日

島の東南端にある宇宙センターに出かける。取材といっても、宇宙科学技術館を見て、無料の施設見学ツアーに参加すればいいらしい。

私は宇宙にもロケットにも全く興味がない。それより神仏だ。

今までの経験から、きっと宇宙センターにも神仏がおられるだろうと思っていた。

すると……。

敷地内に入っていきなり鳥居が！　白い鳥居と社《やしろ》が堂々と入り口に鎮座している。

やっぱりおられました、神様が。

車を降りて近づくと、恵美須《えびす》（恵比須）神社だった。恵比須さんは漁師町でよく見かける。大漁をもたらしてくれる神様だ。おそらくは宇宙センターが建てられる前、ここにあった集落の神社なのだろう。

集落は移転させられたが神社はあえて残したということらしい。

見学ツアーの際、ガイドのお姉さんに「ロケット打ち上げ前に何か神様にお参りしたりします?」と訊《き》いたら、「打ち上げの数日前に、あの(恵美須)神社に職員がお参りに行きます」とのお答え。

昔は地元の漁師が大漁を願い、今は科学技術の頂点に立つ人々が宇宙ロケット発射の成功を願う。変わったといえば変わったが、変わらないといえば何も変わらない。

私もあらためて明日のロケット発射と私自身の「大漁」を祈願する。

センターでは、今年(2007年)の夏に打ち上げる月周回衛星「セレーネ」にメッセージを託すというキャンペーンを行っていた。題して「月に願いを!」。メッセージを書いた紙をロケットと一緒に月まで運んでくれるらしい。

すでに一万人がメッセージや願いを寄せているという。

宇宙センターにそびえる鳥居

H-IIAロケットの発射台。明日の打ち上げは成功するのか!?

企画者も応募者もごく自然にやっているようだが、これもれっきとした信心である。

私は応募用紙に「インドに行かせてください」、妻も「高野秀行をインドへ入国させてください」とそれぞれ書く。

「そんなことは地球のほうでやってよ」と月に言われそうだが。

2月22日

今日の午後にロケット発射の予定だったが、「天候不順のため延期」という知らせにガッカリ。

することもないので、また神社巡り。

宝満神社のすぐ脇にもう一つ鳥居が建っている。同じ神社に行くものかと思っていたが、実際に参道を上がると別の社というか祠があった。

鬱蒼《うっそう》とした森の中、石造りの祠はいかにも堅牢《けんろう》そうで、扉もぴたりと閉じられている。

他の神社と打って変わって、厳かで、怖い雰囲気。諸星《もろほし》大二郎のマンガにでも出てきそうだ。

畏怖《いふ》の念より好奇心が勝り、つい石の扉を開けてしまう。

ギーと石がきしみ、いきなりぽちゃっと何かが落ちてきた。

ヤモリだ。ヤモリが上から落ちて、お供えのお酒のコップにはまってもがいていた。

そして、その後ろに御神体らしきものが。ちょっと怖かったが、垂れ下がった布をめくってみる。

石だった。つるっとした大きな石。

よくわからないが、おそらくこれは神社がやってくる前から島にあった土着の神様なのだろう。神道の到来により、一緒に神社化されたのではないか。

土着の神様の静けさを乱したことを詫《わ》び、「南への道を開いてください」と祈願。

再び港から船に乗り、種子島をあとにする。

妻は東京へ、私は鹿児島市内へとそれぞれ帰る。

土着の迫力みなぎる石神社

これまた正体不明の神（宝満神社境内）

第七週　2月23日～3月1日（鹿児島～奄美大島）

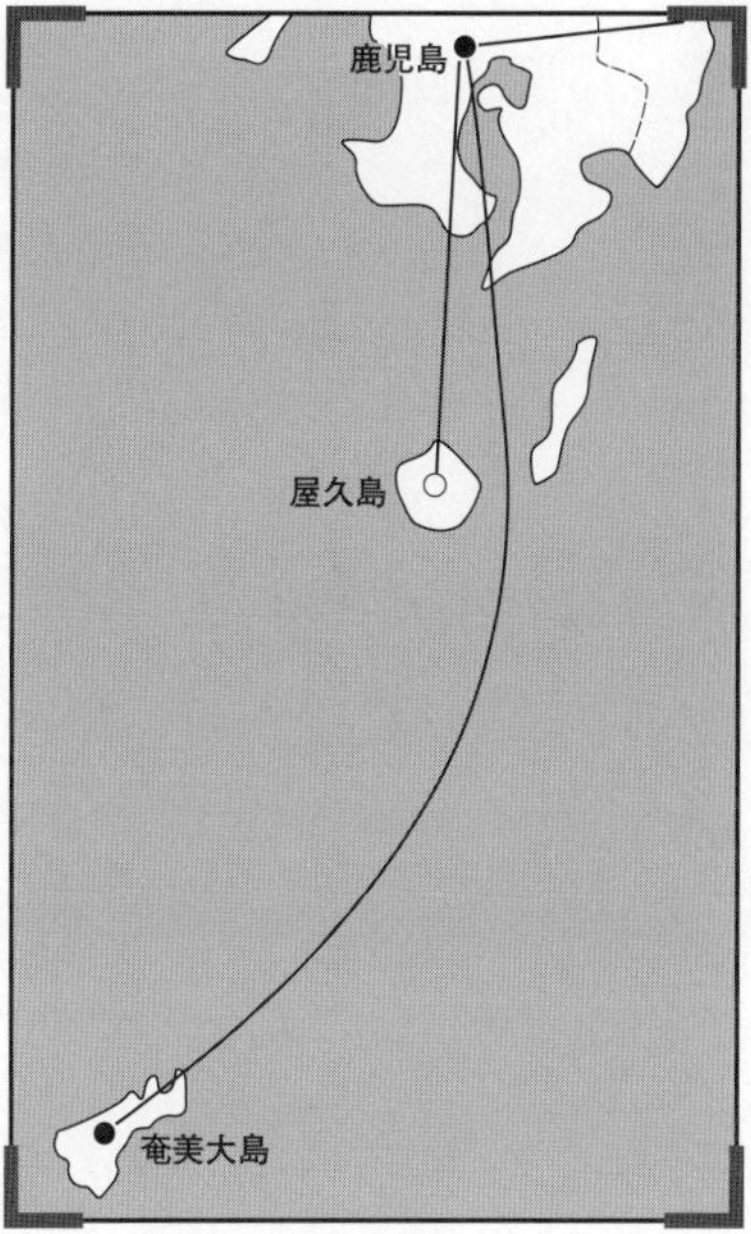

2月23日

旅の疲れが出ているのか、数日前にひいた風邪《かぜ》がなかなか治らず本調子でない。それは愛車・キタ2号も同様。振動で落ちてしまったようでテールランプがなくなっているほか、ブレーキの利きがひどく悪い。神様にキタ2号の回復を祈っているが、悪化するばかり。

鹿児島市内で自転車店がないか、神仏参拝の合間に探してみる。すると、すごく渋い「自転車屋さん」を発見。戦前とは言わないが、昭和四〇年代には軽く遡《さかのぼ》れそうな木造の店。真っ赤な椿《つばき》の花が咲いているのもレトロな雰囲気を盛り上げている。

てっきり昔の遺物かと思いきや、店は現役。奥には、なにやら作業をしている

おじいさんの自転車屋さん

おじいさんの姿があった。

うーん、惜しい。ふつうのママチャリならここでお世話になれたものを。

キタ2号は、本来の相棒キタ1号が「別名〝本郷《ほんごう》サイクロン猛《たけし》〟と呼んでくれ」と強引にリクエストしたくらい、スーパーなメカ（?）なので、ネット検索で発見したサイクリング専門店「茶輪子《ちゃりんこ》」へ行く。

年配のマスター（という雰囲気の人）とお姉さんが、有能な医師のようにテキパキとキタ2号を診察。ブレーキワイヤーの錆《さび》とブレーキパットの偏った磨り減りが原因であると診断し、たちまち治療してくれた。

「おー、新品時代みたいな利きですよ！」感動した私が叫ぶと、マスターは一言、

「ちゃんと手入れしてやらなきゃダメだよ」。

そうですね……。手入れの仕方がわからなかったというのもあるが、最近、何でも問題があると、神様に任せて自分は手抜きをする癖がついていることに気づく。

人事を尽くさないと天命がついてきてくれない。

これからはもう少しかわいがってあげるから、明日からの島旅も頑張れ、キタ2号！

2月24日

屋久島に住む、怪人・野々山富雄先輩に会いに行く。

野々山さんは、駒澤《こまざわ》大学探検部ＯＢで、私たち早大探検部と一緒にコンゴに怪獣を探しに行った。

ライターの火で股間《こかん》を燃やす「焼畑」、同じく股間の巾着《きんちゃく》を腿《もも》ではさんで寝そべる「ライオンの昼寝」など、過激な宴会芸の数々と、通算二〇回を超えると噂される連続失恋回数とそれにめげない回復力は、「探検部界の寅《とら》さん」とか「恋愛の鉄人」と呼ばれている。

逸話が多すぎてとても紹介しきれないので、ここでは、一二年前にふらりと立ち寄った屋久島で、知り合いになった人の物置に住み着き、かつて遭難者の遺体をくるんだ毛布にくるまって寝起きしながら、三年がかりで自力で森の中に家を作り、「オレが本当の〝作家〟だ」と豪語、現在もそこで暮らしている、と言うだけにとどめておく。

鹿児島からフェリーで4時間、屋久島で最も大きな町、宮之浦に到着。そこからアップダウンの激しい海岸べりの道を走ること約1時間。そこで野々山さんに電話して迎えに来てもらう。自力ではとてもたどり着けないと聞いていたからだ。

実際に行ってみれば、聞きしに勝る秘境。最後の集落でキタ2号を置き、あとは杉が密生した山を登る。けもの道のような踏み跡がかすかにあるだけだ。この先に人が住んでいるとはとても思えない。途中、小さな沢がある。「ちょっと雨が降るとこの沢が増水して渡れなくなる」そうだ。

沢を越えて少し行ったところで、野々山さんは私を振り返り、誇らしげに言う。
「ここから先がオレんちの敷地だ」

ここから先も何も、ずっと森しかないんだが……。

敷地は広大で、1800坪。ほとんどが山林だから、お値段は120万円だったという。

私が二〇代の頃のバカ話を書いた『ワセダ三畳青春記』を出したとき、それを読んだ野々山さんは電話でこう叫んだ。

「おまえ、あの本にカノジョが三人も出てくるじゃないか。三畳で三人なら一畳あたり一人だ。オレなんか1800坪だから三六〇〇人、彼女ができていいはずだ！」

こういう発想ができる人はなかなかいない。

野々山さんの話は長くなるのが難点。ここからは簡単にいく。

自作の家は急斜面にありながら、意外にもしっかりしたふつうの家。これを独力で建てた野々山さんに心底、敬意をおぼえた。

しかし、一歩、中に入れば、秘境転じて魔境。

衣類とザック、ゴミ、段ボール、マンガ、本、ビデオ、DVD、ビニール袋な

野々山さんの邸宅、出現！

野々山さんの「産廃小屋」ですき焼き大会

どで部屋は埋まり、人間の住む部屋より、産廃の不法投棄所に近い。

まだ、日は高いが、当然のごとく酒盛り開始。野々山さんは日頃は、なぜか春雨を食っているらしいが、「今日は高野が来たから特別だ！」と豪勢にもすき焼きを作ってくれた。おおーっ、ノノさん、太っ腹！　実は野々山さんは現在、屋久島を代表するネイチャー・ガイドで、平均年収は私よりずっと上だ。決して貧乏ではない。

その証拠に、部屋にはおびただしい量のＤＶＤが散乱している。衣装ケース五箱分あるという。そして、部屋に鎮座するシャープのワイドテレビとＤＶＤデッキ、それに仮面ライダーのフィギュア。

野人・ノノゴンは実はアニメと特撮物とマンガの大ファンで、早い話が「オタク」なのだ。

宴会が始まってまもなく、「ウルトラマンメビウス＆ウルトラ兄弟」の鑑賞会に突入する。

屋久島の山の中まで来て、なぜにこんなものを見ているのか。

あまりの異常さに頭がくらくらするが、私も子どものときはウルトラシリーズの大ファンだったので、ついつい夢中になる。

　年老いたハヤタ隊員やモロボシ・ダンがウルトラマンやセブンに変身するのに涙しながら私は気づいた。

「ここは秘密基地だ」と。

　子ども、特に男の子が大好きな秘密基地は、裏山や公園の隅にこっそり作られる。そこには自分のお気に入りのマンガや玩具《おもちゃ》が溜《た》め込まれる。子どもの、うたかたの楽園だ。

　それを大人になった今、並外れた体力と気力、そして多少の財力で実現してしまったのが野々山さんなのだ。

　野々山さんが座ったまま酔いつぶれ、私もゴミの中から発掘した布団にくるまる。

　生ゴミの臭《にお》いとカビ臭さとケモノ臭がした。

　教訓その一。「大人が秘密基地を作ると産廃小屋になる」

2月25日

昨夜、泥酔したにもかかわらず、野々山さんは午前3時半に起床、手早く身づくろいしている。今日は一泊二日の登山のガイドの仕事が入っていたのだ。さすがプロ。飲んだくれの昔とはちがう。しかも、私を起こさぬよう、極力音を立てないように仕度し、そっと扉を閉めて出かけた。野々山さんの心根のやさしさにグッとくる。グッときたはいいが、布団が清潔か不潔かという、絶対に考えてはいけないことを考えはじめてしまい、完全に目が覚め、そのまま昨日見ていた「ウルトラセブン」の続きを見始める。

午前5時ごろからざあざあ雨が降り出した。こういうときに限って便意を催す。トイレなんて洒落《しやれ》たものはここにないので、雨具を着て、その辺でしゃがむ。ど

魔境を脱出し、雨の森に分け入る私

路地裏にたたずむ猫
（鹿児島・天文館付近にて）

うせ、雨が流してくれるだろう。

朝7時ごろ、突然野々山さんが帰ってきた。「雨がひどいのでお客さんがキャンセルした」とのこと。

ごく自然な動きで、野々山さんは冷蔵庫からビールを取り出し、私にも勧める。

プシュッ！

早朝から宴会が再開されてしまった。

ビールが焼酎《しょうちゅう》に変わった午前10時ごろ、「このままでは酔いつぶれてしまう」と危機感を抱《いだ》いた私は、船にはまだ早いが、この魔境を脱出することを決意。

外はざんざん降りの雨。焼酎をぐびぐびやりながら野々山さんが言う。

「行きに通った道は一人じゃわからないから、電柱伝いに帰ればいい」

え、電柱？

野々山さん宅のためだけに九州電力が電柱を何本も立てた。それに沿って行けば、いつか里に下りられるというのだ。

まるで親切な山姥《やまんば》に逃がしてもらう昔話の主人公みたいだ。

上下、雨合羽《あまガッパ》を着込んで、野々山さんに別れを告げる。

電柱伝いに歩いたら、たしかに難なく里に下りることができた。ちんまりした神社があったので、「野々山さんはああみえてほんとは神経の細かい優しい人なんです。そろそろ失恋記録をストップさせてください」と祈願。

横殴りの暴風雨の中をひいひい言いながら爆走、パンツの中までずぶぬれになり、震えながら宮之浦に到着。フェリーで鹿児島に帰る。

快適な街に戻ってホッとするが、なぜかちょっと寂しい。

2月26日

早朝5時に起床。でも、出発できない。船は夜に出るのだ。島旅に入ってから自由が奪われたような気がしてならない。気の向くときにスタートし、行けるところまで行って泊まるというスタイルが続けられなくなった。しかし、壮大な西本願寺鹿児島別院や、これまた壮大な照国神社に行き、手を合わせているうちに自分の傲慢《ごうまん》さに気づいた。こんなところで、こんなことができているありがたさを知らねばならない、と。

ぽかぽか陽気で、中央公園の芝生に寝そべる。東京を発つときは寒くて寒くて、こんな姿は想像できなかった。

芝生は青かった。自分の芝生が青く見えるというのは幸せなことだ。

中央公園の芝生に寝そべる

囚われのキタ2号（フェリーにて）

奄美大島《あまみおおしま》行きのフェリー「あまみ」は夕方6時に出航。

船室で隣になったおじさんは、登山が趣味で、ここ十数年は「日本中の『烏帽子《えぼし》』と名前がついた山を片っ端から登っている」という。

車で登山口まで行き、一気に登って下りて、また車で次の烏帽子山とか烏帽子岳とかに向かう。宿泊は車中。すでに、今まで一五〇の烏帽子に登頂成功したとか。

「かあちゃんも子どもも呆《あき》れてもう何も言わんね。キリがないけど、ここまで来ると、徹底的にやらにゃ気がすまんのよ」

ここにもまた、自分の芝生が青く見える人がいた。

2月27日

夜明け前の5時に奄美大島の名瀬港《なぜこう》に到着。

下船直後に雨が降りはじめる。今日は島の反対側にある古仁屋港《こにやこう》に向かう。国道を行けば、アップダウンもさほどなく、直線を50キロばかり走れば、簡単に着いてしまうだろう。

迷ったが、「終日快晴」という天気予報を信じ、島の南西部を海岸沿いにぐるりと回るコースを選んでしまう。

これが大失敗。雨がいっこうに止《や》まない。そして、道は激しい峠越えの連続。この島は奄美諸島、沖縄列島では珍しい、リアス式海岸の島なのだ。

平らな道はほとんどない。湿気のせいで全身から汗を噴出させせながら急坂を上り、ざんざん降りの雨とキタ2号のタイヤが跳ね上げる水をシャワーのように浴びながら下る。ヤシや棕櫚《しゅろ》が密生する亜熱帯の森だけに気温は高いが、パンツや靴下の中までびしょぬれになると体温が急速に奪われる。下りると、小さな集落があるのだが、さびれているなんてもんじゃないくらいさびれている。

雨のため人影もない。目につくのは、屋根のついた立派な「土俵」だけだ。よほど相撲《すもう》が盛んな土地らしい。

汗だくでひいひい上り、ぶるぶる震えて下って、土俵。また、ぜえぜえ言いながら上り、ガタガタ歯の根を言わせながら下って、土俵。

まるで、ぶつかり稽古《げいこ》だ。

無人の土俵に思わず、「どすこい！」と叫ぶ。

さらに困ったことに、神仏がさっぱり見当たらない。

お地蔵さん、道祖神《どうそじん》の類《たぐい》は皆無、神社はたまにあっても、ほぼ荒れ果てており、お願いをするどころか、向こうから「おい、助けてくれ！」とすがりつかれるような気がする。

南国の洗礼を浴びる

何はなくても土俵はある

「すみません、こっちも手一杯なんです。こっちも自力で頑張りますから、そちらも頑張ってください」と祈って逃げるように立ち去る。

お遍路旅の意味が失われ、ただ雨中のぶつかり稽古のみが延々と続く。しまいには、峠の途中でキタ2号が見事にパンク。作業をしているうちに、私の手も、黄色い雨具の上下も、チェーンの油と泥と雨で、真っ黒のぐしゃぐしゃになってしまった。

どうしてこんな目に遭わねばならんのだろう。

「神も仏もない」とはこのことだ。

しかし、苦労の末、たどり着いた古仁屋の町は素敵な場所だった。こぢんまりとして、素朴で、風情《ふぜい》がある。

近所の人に教えてもらってたどり着いた、古びた宿のおかみさんとその娘さんも親切きわまりない。

ゴミ箱から出てきたような私とキタ2号の惨状にも驚かず、娘さんは古いタオルをたくさん持ってきて、「これで衣類と自転車をよく拭《ふ》いたほうがいいですよ」

と言い、おかみさんは「疲れたでしょ。はい、これ」とリポビタンDをくれた。まるで昔住んでいたワセダのアパート「野々村荘」に帰ったような気持ちだ。丸一日の苦労が、ころんと充実感に変わった。神仏は姿は見えずとも、私のことは見守ってくれているようである。

2月28日

宿は古い木造だが、掃除は行き届いていて、こざっぱりしている。あてがわれた部屋は窓から海が見え、どういうわけか、すごく落ち着く。まるで昔から住んでいた部屋のようだ。

素泊まりで泊まっているのだが、「朝ごはん、作りすぎちゃったからいかがですか」と宿の娘さんが呼びに来た。行けば、一〇を超えるおかずがずらりと並んだご馳走《ちそう》だ。

なんだろう、この無条件の親切さは。

客は私ひとりとはいえ、部屋のカギもくれないし。

ここはほんとうにワセダの「野々村荘」の化身《けしん》じゃないか。

奄美大島の海

昨日とは打って変わって快晴。

昨日の走りで、着ていたものばかりでなく、かばんに入れていたものまで、着替えからノートまで何もかも濡《ぬ》らしてしまった。雨対策が万全でなかったのだ。洗濯できるものはして、部屋のそこら中に干す。

着るものがない私は、Tシャツとパンツだけになり、日向《ひなた》ぼっこをしながらビールを飲む。極楽だ。

夕方、早めの風呂《ふろ》から上がると、暑くてたまらない。窓を全開にして裸で団扇《うちわ》をばたばたあおいでいたら、窓の外から「いしゃーきいも、やきたて～」という音声が。

こんなに暑くても、ここの人たちにとって、今はまだ真冬なのだ。

今回の旅「場違い大賞」をこの石焼き芋屋さんに進呈したい。

3月1日

またしても朝ごはんをご馳走になったあと、宿の人たちがみんな標準語で話しているのを不思議に思い、訊《たず》ねてみる。

「ここでは昔から標準語を話せっていう教育がされているから、私でも方言はあまりうまくないんですよ」と五〇代の女の人が言う。

宿の娘さんは「シマグチ（島言葉）は全然ちがうんですよ」と例を挙げてくれる。

「私」がワン、「私たち」は「ワンキャ」、「あなた」が「ウラ」、「あなたたち」が「ウラキャ」……。

「あー、〝キャ〟が複数形なのか」私は思わず口走り、メモをとりたくなった。

外国語かじりの癖で、すぐ夢中になるのだ。

でも、覚える時間もないし、覚えても使う場がないので思いとどまり、隣の加《か》計《け》呂《ろ》麻《ま》島《じま》へ行ってみる。『死の棘《とげ》』で知られる作家・島尾敏雄の奥さん、島尾ミホの出身地だ。

ここも神仏が見当たらない。代わりにと言ったら変だが、奄美を代表する妖怪《ようかい》変化《へんげ》「ケンムン」探しを行う。沖縄の「キジムナ」によく似たもので、大きなガジュマルの木に棲《す》んでいると言われる。

キタ2号を走らせながら、お年寄りを見つけると、片っ端から突進、「昔、この辺にケンムンっちゅうもんがおったでしょう?」と直撃する。未知動物探しの癖で、すぐに夢中になる。

お年寄りもほとんど完璧《かんぺき》な標準語を話すから聞き取りは楽である。

古仁屋の町の人は、年配者でも「ケンムン? は?」という感じだったが、さすがに〝離島〟はちがう。

昔台湾に行っていたという九二歳のおじいさんは「そこにあるホーギ（アコウ）という木におる」と教えてくれた。ケンムンがいるのはガジュマルだけでは

ケンムンの棲む「ホーギ」の木

ケンムンの音を聞いたという「ペンション野見山」のおばあさんと愛山羊《あいやぎ》の「メエメエ」

ないらしい。

おじいさんによれば、「ケンムンは悪さはしない。塩焚《しおた》き小屋（製塩小屋）にやってきて火にあたったりするけど、膝《ひざ》を立てると頭より高いからすぐにわかるんだ」という。

別のおじいさんは「貝が好物で、ケンムンのいる木の周りは、山の中なのに貝が落ちている」とか「ケンムンのいる木を斬《き》った人が、あとで口がひん曲がってしまったという話がある」と教えてくれた。

さらに島の奥に行くと、三〇代から四〇代の人たちが集っていて、「一〇年くらい前、古志《こし》（集落の名前）で、校長先生がでっかい木を揺さぶっているケンムンを見たってよ。急いでカメラを取りに家に行ったけど、戻ったときはもういなかったってさ」と言う。

ここではケンムン、現役バリバリである。

道でばったり出会い、「お昼を食べていきなさい」とご馳走してくれた、「ペンション野見山」という鄙《ひな》びた民宿のおばあさんは、「ケンムンを見たことはないけど、音は聞いたことがある」と言う。

夕暮れ時、どさっという、何か大きな石が転がったか大木が倒れたようなすごい音がしたが、行ってみると、何もなかった。

「あれはケンムンの仕業だ。まちがいないね」おばあさんは、おかずをあふれんばかりに私の皿に盛りながら、重々しく言った。

全体的に、昨年（2006年）探したベトナムの猿人「フイハイ」にとてもよく似ている。

「あー、もっとじっくり調べたい！」と思う。時間がないのが残念だ。

第八週

3月2日～3月6日（奄美大島～那覇）

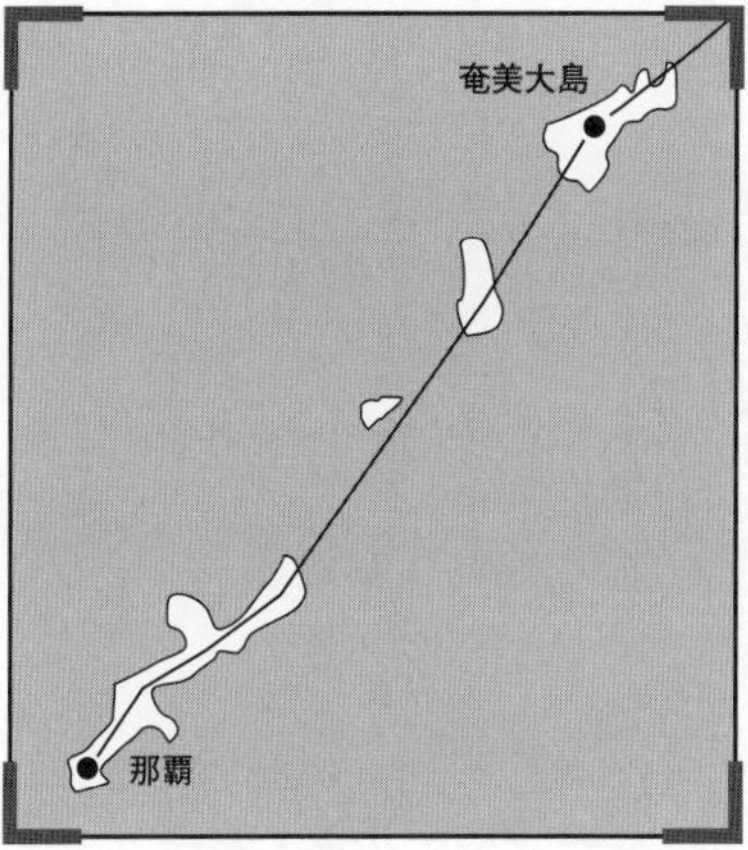

3月2日

午前9時半発のフェリーで、隣の徳之島へ向かう。巨大な船に客がたった四人。このラインは沖縄に行かず、奄美諸島のマイナーな港を結ぶ、実に渋い路線なのだが、これでは近々廃止になってしまうかもしれない。

徳之島の西部にある平土野港《へとのこう》に到着、そこからキタ2号を駆って島を横断。同じ奄美でも、奄美大島とは印象がまるでちがう。こちらは明るく、拓《ひら》けている。高い山が少ないせいかもしれない。

ただし、神仏が見えないのは同じだ。神社は奄美大島ほど荒廃していなかったが、管理のぞんざいさは隠せない。

天気がよく、ひとかたならぬ暑さで汗がぽたぽたと滴り落ちる。「神様はどこ

神社が本土からやってくる前に信仰されていたという「石神様」

道路の看板も個性的である

だ……」と呟《つぶや》きながらペダルを踏む。

なだらかな土地にサトウキビ畑がひろがる。

目を引くものは何もない。旅行者らしき人もいない。

徳之島の名物は「長寿と闘牛」と、島の役場製作の観光ポスターに書かれていたことを思い出す。

どちらも観光客を誘《いざな》うにはユニークすぎる名物だ。

長寿世界一に輝いた泉重千代さんも本郷かまとさんも、もういないし（いたとしても、観光には使えないだろう）、闘牛も毎日そこら中でやっているわけではないらしい。

……と思ってたら道端に、「闘牛　夕方トレーニング中注意」という看板があり、さらに行くと、本物の闘牛二頭に出くわした。

真っ黒で、びっくりするほどでかい。鼻面をがっちりワイヤーにつないで動けなくされている。目が怖い。横に積み重ねられた巨大トレーラーのものとおぼしきタイヤがぼろぼろになっているのも怖い。牛に突進の練習をさせるのだろう。

ここの闘牛は、スペインのそれとちがい、牛同士が頭からぶつかり合い、角で闘うものである。

島の東側にある亀津の旅館に荷をほどく。ここでは他に工事関係の人たちが数人泊まっていたが、奄美大島と同様、宿の人はやっぱりカギをくれない。おかげで、私は何度も間違えて他人の部屋を開けてしまった。

「ここ（徳之島）では誰も家にはカギをかけないんですよ」と宿の女将《おかみ》さんは愛想よく断言した。

だから旅館は、玄関も客室も宿の家族部屋も24時間、全開放。人がたくさんいても、誰もいなくても全開放。

長生きするわけだよなー。

3月3日

　朝、港のそばをぶらぶらしていて気づいたのだが、道路沿いの日当たりのいい一等地に、墓地があり、そのどれもがよく手入れされている。雑草はないし、新しい花が供えられている。

　思い返せば、奄美大島もそうだった。

　宿の女将さんに訊《き》くと、「毎月旧暦の1日と15日にはお墓参りをするし、今日みたいにひな祭だとか、節目節目の日にはやっぱりお墓に行くんです」とのこと。

　お墓は南向きのいい場所につくり、まるで今そこに人が住んでいるかのように丁寧に掃除し、花を取り替えるらしい。

「お墓のことが気にならない日はないですね」とまで言う。「もしお墓に雑草でも生えてたら『あそこのうちはお墓をほっぽらかして……』と言われますしね」

うーん、と唸《うな》る。そこまでお墓、つまりご先祖様に全力投球をしてたら、他の神仏にはとても手がまわらないだろう。

かといって、私が他人のお墓に手を合わせるわけにもいかないしなあ……。

港の売店で「徳之島ドーム　名場面集・第5弾！」というタイトルの闘牛ビデオを購入、それを形見（？）に、名残惜《なごりお》しくも、すごく居心地がよかった徳之島と奄美諸島をあとにする。

徳之島と次の沖永良部島《おきのえらぶじま》では乗客があふれんばかりでびっくりしたが、与論島《よろんとう》でほとんど降りてしまった。数日後に与論島で行われるマラソン大会に参加する人たちだったらしい。

与論島を発ったときには乗客は二〇人足らず。そして、午後6時、大幅に遅れて沖縄北部の本部港《もとぶこう》に到着したとき、下船した客は私ひとりだけだった。

いつものように、フェリーの先端がパカッと大きく開き、鬼の腹から飛び出す一寸法師のように私はキタ2号に乗ったまま、ちゅるんと桟橋《さんばし》に滑り出た。

ついに沖縄本島に到着である。

「うっしゃー!」小さくガッツポーズをとる。ずいぶん遠かった。というか長かった。しかし感慨にふけるヒマはない。港付近には何もないので、20キロほど離れた名護市まで暗くなる前に走らねばいけない。

沖縄は道路も広く、ごぶさたしていた宿敵のトラックやバスにも再会、景観も雄大だ。向こうから歩道を歩いてきた人に「こんにちは」と挨拶《あいさつ》したが、無視された。

あー、やっぱり「島」じゃないんだな。島なら、どこでも挨拶は基本だ。「本土」に戻ってきたという気がした。「本土復帰」だ。

もっとも、本物の本土とは微妙にちがう。海辺は波打ち際まで不気味なくらい透き通っているし、極端に背の低い少数民族の集落を連想させるような、家の形をした大きなお墓が並んでいる。「雨がひどくなったらあそこで雨宿りができる」と思うと、安心だ。

日がとっぷりと暮れてから、名護に到着。町に入ったまさにそのとき携帯電話が鳴った。中国・重慶にいる浜松の高橋からだった。

沖縄上陸を果たすも、異郷にどこか心細げなキタ2号

名護で出くわした怪店「宝石を売買するステーキハウス」。しかし、なんと味は最高だった！

「三日前に子どもが無事生まれた。女の子だ」と高橋は明るい声で言う。

「そうか、よかったな！」

浜松で別れてから早一月半。

彼はお父さんになり、私は沖縄に到着した。

3月4日

7時半に出発。もあんとした湿気の中から太陽が眠たげな顔をのぞかせる。国道58号線を走る。道路も歩道も広々として、ヤシの並木がそよ風に揺れ、さんご礁のビーチに水色の波が打ち寄せている。海沿いなのにアップダウンは不思議なくらい少なく、リゾートでサイクリングしているようだ。

いつの間にか青空が広がり、カーン！　と音を立てるような日差しが注いできた。

そして、相変わらず神仏はいない。巨大なお墓と、家の入り口に置かれた魔除《まよ》けの小さな獅子《しし》（シーサー）くらいだ。

いかん！

神仏に参拝もしないで、こんなパラダイスみたいなところを気持ちよく走っているなんて。

「散財」している気分になる。


これまでほとんど見かけなかった自転車の人たちが、突然どどっと現れた。荷物が少ないので、地元の人たちだろう。

大学生や、もっと若い高校生みたいな子たちもいる。

9時を過ぎた頃から、強風が吹きつけてきた。今まで風というのは、100%マイナスなだけだったのだが、今日はちょっとウェルカム。猛暑が和らぎ、涼しくなるのだ。

周囲の小高い山には、熱帯に特有の、樹冠の大きな木がびっしり茂る。その上をわたってくる風は果実が少し傷んだような、うっすらと甘い香りがする。それは懐かしい東南アジアの香りでもある。

強風に疲れてきた。

信号で止まったとき、横に並んだ欧米系チャリダーが「風、強いね」と日本語

那覇のオープンな神様の総本山「波之上宮」

旅人殺しの昼飯「ソーキそば＆ビール」

で話しかけてきた。

「ここは、いつもそうですか?」

「いつもじゃないけど、えーと、オールモースト(だいたい)ね」

じゃあ、頑張って! と言い残し、彼は基地のゲートの中に消えていった。

米軍チャリダーだったのか。


強風のため、だいぶ遅れて、12時半に那覇《なは》に入り、沖縄随一の神社・波之上宮《なみのうえぐう》と、それに隣接している沖縄随一の名刹《めいさつ》・護国寺へ直行。

神社も仏閣も沖縄本来の信仰じゃないはずだが、外来者としてはまずそこにすがるしかない。

ところが意外にも、波之上宮は「かつてはニライカナイ信仰(海の彼方《かなた》の楽土から来る神々への信仰)の場だった」と記されているじゃないか!

おお、沖縄の古い聖地だったか。それは嬉《うれ》しい。

隣の護国寺も、「南北朝時代に建立《こんりゅう》」という。もし本当なら驚異的な古さで、現地の人々の信仰を長年集めてきたはずだ。しかも、私がいちばん身近に感じる真言宗。

久しぶりに、思う存分に拝めるところが那覇にあったわけで、東京からここまでの旅路を深く感謝する。

そして、「さらなる南へ道を拓いてください」と祈願。

参拝を終え、昼飯を食ったら急に放心してしまった。

もう泳いでいる人もいる波之上ビーチ脇《わき》の芝生にぱたっと倒れ、すとんと眠りに落ちた。

3月5日

今日は終日、雨。昼間は宿で原稿を書き、夕方から那覇の友人・井手君のオフィスに遊びに行く。

首里城の近くにある風通しのいいオフィスで、スタッフの人たちと、買ってきたゴーヤーチャンプル、ジューシー（混ぜご飯）おにぎりなど、沖縄お惣菜《そうざい》を肴《さかな》にビールを飲む。

井手君はCM制作の会社を経営しているが、今、いちばん力を入れているのが、映画のプロデューサー業。

「沖縄人による、ほんとうの沖縄を描いた、沖縄発の映画をつくる！」ということで、琉球《りゅうきゅう》カウボーイフィルムスなるレーベルを立ち上げ、監督、役者、スタッフまで全て沖縄人を起用して、これまで短編映画を三本つくっている。

彼は東京の映画館にかけるため、営業でときどき上京し、その都度、私の家に泊まっている。その甲斐《かい》あってか（?）、彼のつくった映画は「今年の秋、テアトル新宿で公開が決まったよ」とのこと。嬉しそうだ。

5時から9時ごろまで延々とビール。「沖縄の人は泡盛ばっかり飲むものと思ってたけど、意外とビール好きだな」と思いつつ、いいかげん酔っ払ったので、トイレから戻ったとき、「じゃ、そろそろ……」と言いかけたら、テーブルの上にどーん！　と泡盛の一升瓶が。

「え!?」私は目を疑った。

実はこれからが本番、今までは「前振り」だったのだ。

沖縄の飲みはすごいと聞いていたが……。

井手君の仲間で映画監督でもあるSさんが神様関係のことに詳しい、というより「感じる人」だというので、いろいろと教えてもらう。

御嶽《うたき》という聖なる場所が沖縄のいたるところにあるが、Sさんはそういう場所に入ると、体が痺《しび》れたり、悪寒《おかん》がしたりするという。感じすぎてしまうらしい。世界遺産にもなっている斎場御嶽《せーふあーうたき》を挙げ、「何と言ってもあそこが沖縄最高の聖地。あそこに行けばもうばっちりです」とのこと。

ところが、酒が進むにつれ、温厚なSさんが少し本音を出しはじめた。「ほんとうは本土の人たちに沖縄の聖地を穢《けが》されたくないんですよ……」とぼそっと言われて、私は冷水を浴びせられたように酔いが一気に醒《さ》めた。さらに、「ウタキは個人的な利益のために祈願する場所じゃない。おこがましいです」「巡礼もお遍路も本土のもので沖縄にそういうものはない」とまで言われ、私は言葉を失ってしまった。

これが信仰心の篤い沖縄の人の偽らざる本音なんだろう。

「じゃあ、ぼくは沖縄では祈願してはいけないということなんでしょうか？」

超真剣に私が訊くと、Sさんは表情を崩して、「いえ、そんなことはありません。ただ、そういうことを知っておいてほしいと思ったまでで……」と答え、さらに沖縄の神様関係の習慣や振舞い方などを懇切丁寧に教えてくれた。

飲食店前で寝そべる大型犬。まるでタイやベトナムの風景

神様はいないが、「関係者」はあちこちにいる。これはシーサー

11時を回ったところでお先に失礼した。
夜道を歩きながら思う。「沖縄はやっぱり一筋縄ではいかないな」

3月6日

沖縄本島の南部一周の旅に出かける。

が、出発してまもなく、突然「イカ墨汁」が食いたくなり、国際通りの公設市場二階に戻ってしまう。この旅に出てから、私は食欲が爆発し、7時に朝飯をたらふく食っても、10時には腹が減ってしまうのだ。

一年前、中国人の先生と一緒にそこに行って、「テビチー（豚足）定食」を食べた。

豚足狂いの先生が「こんなに旨《うま》い豚足は食べたことがない！」と絶賛したことを思い出す。私はテビチーもよかったが、イカ墨汁のほうが印象に残っている。

ドンブリいっぱいに真っ黒なイカ墨、その中にイカ本体や菜っ葉などが入った汁は、見かけこそグロいが、なんとも言えない旨さ。もし、この中に麺《めん》が入っていたら最高なのになと思いつつ、メニューをふと見れば「イカ墨麵」という文字が！

「あー、あれを頼めばよかった……」と激しく後悔する。

糸満を経由し、ゆらゆらと走る。南部はビーチがないせいか、ひめゆりの塔など戦争記念関係以外は観光客も見かけず、えらく鄙《ひな》びている。鄙びている分、私好みの味わいがある。

沖縄はコンビニも楽しみの一つだ。「おにポー（スパムと玉子焼きをはさんだおにぎり）」とか、「タコス巻き（タコライスを寿司《すし》のように海苔《のり》で巻いたもの）」など、沖縄にしかないファストフードが目白押しだ。

赤瓦《あかがわら》の渋い民家を眺めながら、店の前の地べたに座り込み、おにポーを食べるのも至福のひとときである。

そして、本日のメインイベント「斎場御嶽」に到着。

さすが世界遺産、レンタカーや観光バスで本土の観光客がどやどや降りてくる。

昔は立ち入ることもできなかった聖地で、彼らは大はしゃぎで、写真を撮ったり、

イカ墨汁。これほどまずく見える料理はないかもしれない

ここから見える島が究極の聖地らしい

馬鹿笑いをしたりしている。

私も、Sさんに会わず、そして仲のいい友人たちと来ていたら、同じようなことをしていただろう。沖縄の人だってふつうは面倒なので、わざわざそんなことを言ってくれない。Sさんに深く感謝した。

Sさんは「ふつうの人が足を踏み入れるだけで穢れるので、せめてゴミ拾いをするのがいいですよ」と親切にアドバイスしてくれていたので、私は大きめのゴミ袋を準備し、やる気満々だった。少なくとも、それでプラスマイナスゼロ、あわよくば少しプラスを狙《ねら》ったのだ。

ところが、さすが世界遺産。ゴミなんか、紙切れ一つたりとも落ちていない。本土から来た観光客もそれなりに礼儀をわきまえているのだろう。

またしても私の目論見《もくろみ》は見事に失敗。というか、「目論見」なんかしちゃいけないんだよな、きっと。

とにかく「申し訳ないです」と、ウタキのいちばん神聖な場所から、神々の住むといわれる久高島《くだかじま》をのぞみながら、平謝り。

でも、私の気持ちは伝わったにちがいないと信じて聖地をあとにした。

宿に帰って、洗面所で鏡を見ると、歯がまっ黒くなっていてたまげる。もしや神様のお怒りを買ったのでは……!?　と一瞬あせるが、なんのことはない、昼飯のイカ墨であった。

第九週　3月7日〜3月10日（那覇〜波照間島）

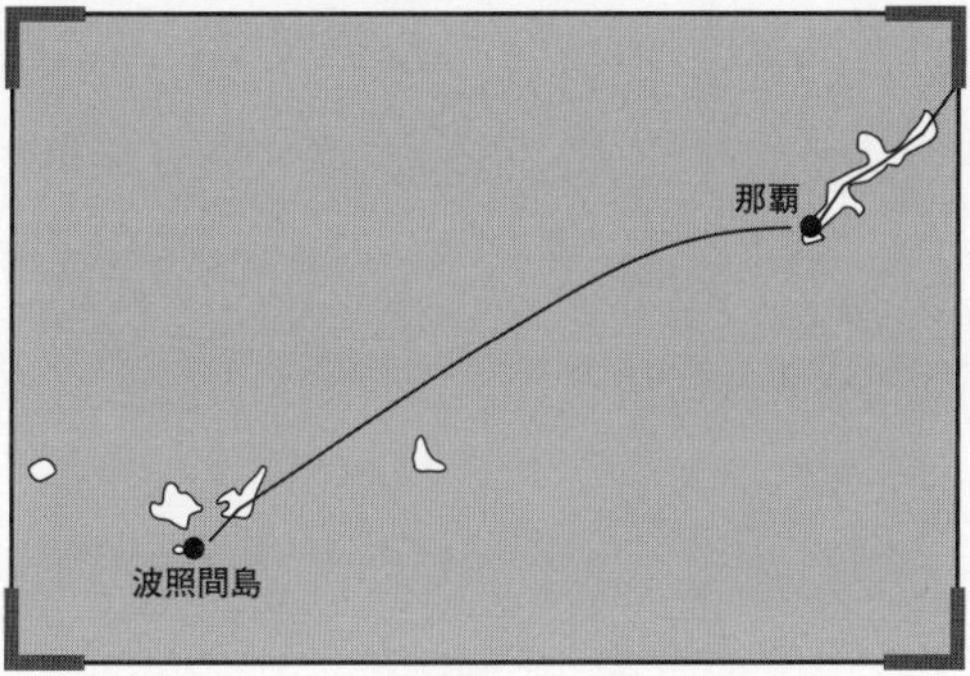

3月7日

那覇に到着。沖縄最高の聖地・斎場御嶽《せーふぁーうたき》の参拝まで行ったのだから、もう目的は果たしたとも言える。もともと、一ヶ月程度の旅のつもりで、仕事先にも家族にもそう話していたのだが、だんだん二ヶ月に近づいている。さすがに足腰もガタがきている。

素直に考えれば旅を終えて帰るべきなのだろう。しかし、素直だったら、そもそもこんなことはしていない。というわけで、最後の悪あがきで、八重山《やえやま》（石垣島周辺）に足を延ばすことに決定。

昼間は、強風にあおられながら、那覇周辺をぶらぶらする。沖縄は基本的に「見えない神様」である。聖地や霊的なスポットはいくらでもあるが、そこには

クリスチャンだが沖縄人でもあるというお墓

ケン先生とヤス君

何の目印もない。地元の人や霊感のある人だけが知っていればいいというスタンスなのだ。

だが、私も伊達《だて》に2ヶ月近くも神仏に頼っているわけではない。毎日朝から晩まで路上で神仏を探し続けているのだ。自然と「神様センサー」が発達し、ときどきピンと来るようになった。

道路の微妙な曲がり角、ガジュマルの木が陰を作っている場所、電話ボックスくらいの不自然な空きスペースなど、「あー、ここはそうだろうな」と感じるのだ。

とはいえ、あくまで勘。はずすこともあるだろう。何でもない空き地に手を合わせているよそ者を見て、「何やってんだ?」と地元の人が首を傾《かし》げていた可能性も大である。

夜7時、石垣島行きのフェリーに乗り込む。いつもながらの二等だが、なぜか雑魚寝《ざこね》でなくちゃんとしたキャビン（船室）だった。

「え、いいの?」という気分。

相部屋になった客がまたおもしろい。ヒッピー系フリーターのヤス君（二七歳）は、ネットで農業のバイトを探しながら、日本全国と海外を放浪しているという。荷物はザック一つ。

「この間まで長野に二年いました。その前は熊本。今度の石垣はとりあえず三ヶ月ですけど、どうなるか……」と屈託なく笑う。

私とヤス君以外は、アメリカ・ユタ州から来た高校生グループとその引率のケン先生。スタディーツアーみたいなものらしい。

ケン先生は熊本大学に留学経験があり、日本語が堪能《たんのう》だが、生徒たちは英語で話しかけてくる。

二段ベッドがひしめく小さな部屋だし、まるでインドあたりのゲストハウスにいるような雰囲気だ。

缶ビールを飲んで、しゃべって、酔っ払って、眠りに落ちた。

3月8日

早朝5時、石垣島到着。すぐに船を乗り換え、竹富島に向かう。高速船で約20分で到着。

小雨の中、キタ2号を上陸させ、白い砂の道を走ると、小さい島だけに、10分もかからず島の中心に着いてしまった。サンゴの石垣と赤瓦《あかがわら》の民家がそっくり残っている美しい島だ。

そして、そこに、ここ数年の辺境旅の相棒であるカメラマンの森清が待っていた。

別に何の用もないのだが、この男は私に負けず劣らず辺境を偏愛しており、私がどこかへ行くと聞くと、「いいなあ、いいなあ」とすぐ羨《うらや》ましがって、すぐ会社に休暇届を出し、すぐ合流してしまう。

この小さくて平らな島で、マウンテンバイク
なんか乗っているトンチキは私ひとり

この島いちばんの聖地「西塘御嶽」は神社風。
賽銭箱がキュート

当初は石垣島で落ち合う予定が、「石垣はあまりに観光客が多くて歌舞伎町みたいだから竹富島に行く」と森が言うので、そうなった。

顔を合わせるなり、森は「なーんだ」とガッカリした声で言った。

「高野さん、もっと薄汚くなってインチキ臭いオヤジになってるかと思ったら、やけにすっきりしてるじゃないですか」

規則正しい生活に適切以上の運動をしているから、私は心身ともに完全にデトックス（解毒）されている。すっきりしていて当たり前だ。それにしても、何を期待してんのか、こいつは。

いつものことだが、合流しても、関心の方向が全然ちがう。

今回の場合、私は神様で、彼はいつものように写真である。

私はここでは「オン」と呼ばれる御嶽に出向き、参拝。彼は背を向けて、花だか花からしたたる水滴だかを撮っている。

参拝を終えると、彼も撮影が終わっていて、自然とまた二人で歩き出す。

天気が回復する気配がないので、オン巡りは早めに切り上げ、島にいくつもない飲食店に入る。二人で泡盛を飲みながら相談の結果、明日は無理やり波照間島《はてるまじま》に移動することにする。

3月9日

朝日の光に跳ね起きる。すぐにキタ2号に飛び乗って、島めぐり。朝焼けの空もいいが、さらに匂《にお》いがグッとくる。今まで徐々に東南アジアの辺境に近づく感じがあったが、ここで完璧《かんぺき》に一致した。草いきれ、雨上がりの土、あとは……、そう、水牛の糞《ふん》の匂いだ。懐かしさに胸をつかれ、キタ2号を走らせながら恍惚《こうこつ》とするが、ふと、気づくと他の観光客が変な目でちらちらこっちを見ていた。キタ2号を珍しがってるのだろうが、なんだか水牛の糞に恍惚となっていたことがバレたようで恥ずかしい。だから観光地はいやなんだ。

朝飯を食って早速、移動。石垣島まで戻り、まるで空港のように立派な船着場から今度は波照間行きの船に乗る。観光客でごった返す船内ではキタ2号の置き場所もない。

「おい、そんなとこに置いたら、邪魔やないか！」ゴルフウェアのおじさんに関西弁で叱《しか》られ、「すいません、すいません……」とひたすら身を小さくする。

あー、もう、私たち（私とキタ2号）の来る場所じゃないんだなあと痛感。


ぴったり1時間で、人の住む島としては日本最南端の波照間島に到着。民宿がどこもいっぱいなので、海に面した真新しいペンションに泊まる。これまた場違いだが、しかたない。

部屋の窓から見える海の色に驚愕《きようがく》。蛍光塗料で描いたような青。ショッキングブルーとでも言えばいいのか。


幸いにも、天気予報は大はずれで、快晴。

私はキタ2号、森はレンタサイクルを借り、島の最南端を目指す。サトウキビの刈り入れを見、砂糖（黒糖）の精製工場の排出する甘ったるい匂いを嗅《か》ぎながら、走ること20分ばかり。事実上の日本の最南端に着いた。

青い水平線を見ながら、思わず呟《つぶや》く。

「あー、どこか遠くへ行きたいなあ」

長い旅が終わったというより、やっと旅のとば口にたどり着いたという感じがするのだ。

だって、この先には台湾、東南アジア、南太平洋……と無限の世界が広がっているのだから。

船内で私を叱り付けたおっさんの団体が車でやってきたので、早々に退散。まだ私のやることは終わっていない。

参拝が残っている。日本最南端の神様への参拝が。

ペンションで聞いたところでは、五つあるこの島の集落の中に「南」という集落があり、どうやらそこの御嶽（ここでは「オゴン」と呼ばれる）が最も南に位置するようである。

雑貨屋のおねえさんに道を聞いてたどり着いたのは、サンゴの石垣に囲まれた、まことに渋い、でも開放的な雰囲気のオゴンだった。

苔《こけ》むした敷地に足を踏み入れる。

日本最南端の碑に到着

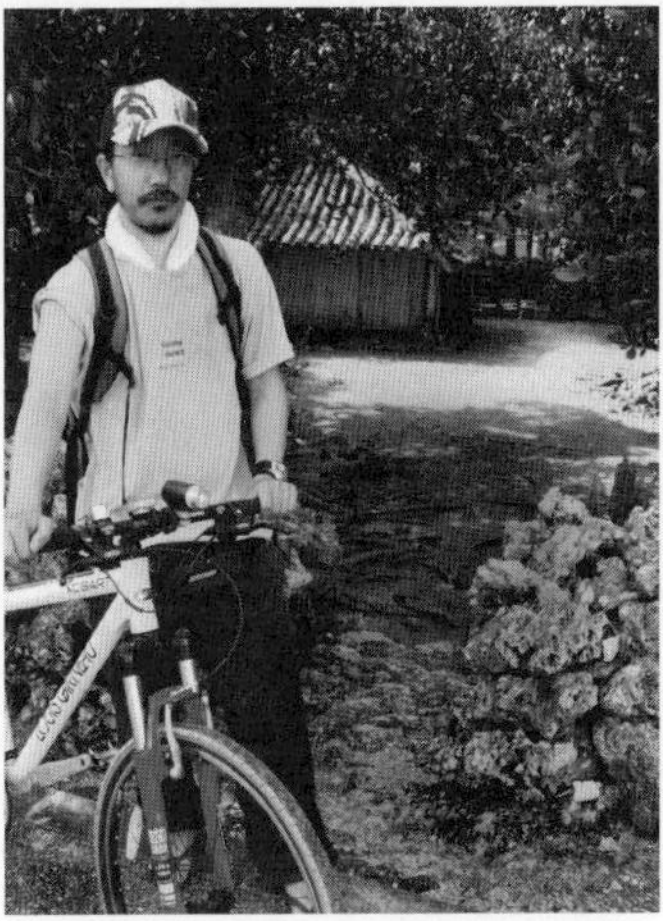

日本最南端の神様に参拝（後ろが「オゴン」）

例によって祈る場所も定められていないので、赤瓦の建物の前に立ち、帽子を脱いで頭《こうべ》を垂れる。

もはや何も祈願の言葉が出てこない。あるのはただ、これまで旅を続けてここまで来させてくださった神仏と、お世話になった人たちへの感謝のみである。

あまりに思いが多いと、何も祈ることができない。

ただただ手を合わせて長いこと佇《たたず》んでいた。

宿に戻ってから、ペンションのオーナーに「南」集落のオゴンに行ったことを話すと、「オゴンはふだんは誰も入っちゃいけないんですよ」と言われ、びっくり。

あんなにオープンな雰囲気だったから、敷地に入るくらいはいいのだろうと思っていたのに……。

最後の最後まで、私のやることはヘマだ。

今回の神頼み旅は失敗だった。つくづくそう思った。

禁断のオゴンに入ってしまったからじゃない。あれはたぶん、大丈夫。知らなかっただけだし、あれだけ真摯《しんし》な気持ちで手を合わせていれば、神様もわかってくれないはずはない。

そういうことじゃなくて、今回の旅がよすぎたのだ。あまりにおもしろく、あまりに充実しすぎた。

神仏に頼んだ「心願」はこの旅で全て「成就」してしまったと実感するのだ。もし、神様仏様への祈願にまだ「残高」があればよし。もし全部貯金を使い果たしていたら、それでもよし。あとは自分で解決しよう。

3月10日

翌日。ペンションのオーナーの紹介で、釣り船に安く乗せてもらう。他の客は、役場の戸籍係、若いお巡りさん、貸自転車店のオーナー、と地元の人ばかり。

私は、本格的な釣りをやったことがない。これが事実上のデビューだ。四万十でカヌーデビュー、波照間で釣りデビューとは贅沢《ぜいたく》きわまりない。

でっかい釣り針に刺身にも大きすぎるくらいのカツオの切り身をつけ、海に放り込む。

体長30~40センチもある、真っ黄色やオレンジ色、朱色の熱帯魚がばんばん釣れる。

一度だけ、私の竿《さお》にものすごい大物がかかった。糸が猛烈な勢いで引っ張られ、

波照間の海

ロッドが折れそうなくらいしなる。

「うわっ、すげえ!」「何だ、こりゃあ⁉」「でっかいぞ!」船頭さんや他の人たちも集まってくる。

リールも巻けずに奮闘しているうち、フッと手ごたえがなくなった。糸を切られてしまった。

無念だ。逃げた魚だけに、ものすごい大物だったような気がしてならない。

どんな大物か。誰にも言わなかったけれど、ほとんど円を描いてしなったロッドを必死に握っていたとき、私の頭に浮かんだのは、「あの魚」だった。

頭がひらべったく、背中がギザギザのトゲで覆われ、足のようなヒレを持った、体長2メートルほどの奇妙な魚。

ウモッカ。

インド入国に執着するあまり、意識のなかで遠くなっていたが、インドに行くのはその魚を探すためだった。

ウモッカが悠然と南の海めざして泳いでいく姿が目に浮かんだ。

ウモッカよ、もう一度会おう。
今度は本場、インドの浜辺で。

あとがき

よんどころのない事情で東京に帰ったのは、3月11日（日）のことだ。いや、無理をすれば旅を続けられたかもしれないが、一ヶ月の予定がもう二ヶ月近くにも大幅に延び、あちこちに迷惑をかけていたし、さすがに疲れてもいた。何より、これ以上ずるずると旅を続けると、神頼み旅としての緊張感が保てなくなると思った。

神様にも「もうこの辺にしときなさい」と言われているように思え、未練を断ち切って帰京を決意したのだった。いわゆる「潮時」というやつだ。

自宅へ帰ったら、なんとも言えない変な感じだった。長旅から帰ることは毎年あるが、いつもは外国から帰るわけだ。言葉も食生活もまったくちがうから、かえってチャンネルが切り替わりやすい。今回はなまじ国内旅行だったために、旅の続きのような、ちがうような、曖昧《あいまい》な気分がしばらく残った。

その証拠に、帰京しても、朝6時前に目がバチッと覚めるうえ、朝日が差すのを見ると、我慢ができない。

「あー、早く出発しなきゃ」と焦るのである。「朝日＝出発」が見事に刷り込まれ、「まるでパブロフの犬」と妻に呆《あき》れられながらも、キタ2号と都内を走り回った。

今回の旅は、自分にとって、リセットの旅だったような気がしてならない。早寝早起き、一日中適切以上の運動、深酒はほとんどなし、仕事は必要最小限、しかも神仏に祈りまくっている。

これ以上、人として健全な生活があるだろうか。

おかげで心身は完全にデトックスされ、疲労からくる腰痛をのぞけば、ここ数年で最高に体調がよくなった。副作用は、難しいことがさっぱり考えられなくなったことくらいだ。

自転車旅と日本国内のおもしろさにも目を開かされ、信心の世界という私にとって未知の領域にも一歩足を踏み入れた。大きな扉が開いて、視界がぐわんと広がったような気がしてならない。今はほんとうにエネルギーがあり余っている。

いまだインド政府からは良い返事はない。

でも、思うのは一つ、「あー、早く旅に出たい……」と、そればかりである。

高野秀行の本

好評発売中

幻獣ムベンベを追え

コンゴ奥地の湖に棲むという謎の怪獣・ムベンベ発見に挑む早稲田大学探検部11人の勇猛果敢、前途多難な密林サバイバル78日間。

（解説・宮部みゆき）

巨流アマゾンを遡《さかのぼ》れ

河口から源流まで6770km。ピラニアを釣りワニを狩り、麻薬売人と親交を深めつつアマゾンを船で遡行する、傑作紀行4か月。

（解説・浅尾敦則）

ワセダ三畳青春記

家賃12000円。早稲田のボロアパート・野々村荘を舞台に、限りなく「おバカ」な青春群像を描いた自伝的物語。書き下ろし。

（解説・吉田伸子）

高野秀行の本

好評発売中

怪しいシンドバッド

野人、幻の幻覚剤。「未知なるもの」を求めて世界の辺境へ懲りずに出かけては災難に遭遇。笑って呆れて、でもなぜかまぶしい冒険傑作。

（解説・大槻ケンヂ）

異国トーキョー漂流記

亡国のイラク人、野球大好きな盲目のスーダン人。彼らと彷徨う東京は不思議な外国。愉快で、少しせつない8つの友情物語。書き下ろし。

（解説・蔵前仁一）

ミャンマーの柳生一族

探検部の先輩・船戸与一と取材旅行に出かけたミャンマーは武家社会だった！　怪しの一族と作家2人が繰り広げる、辺境面白珍道中記。

（解説・椎名　誠）

集英社文庫　目録（日本文学）

集英社文庫

神《かみ》に頼《たよ》って走《はし》れ！　自転車爆走日本南下旅日記《じてんしゃばくそうにほんなんかたびにっき》

2008年3月25日　第1刷
2017年10月23日　第3刷

定価はカバーに表示してあります。

著　者　高野秀行《たかのひでゆき》

発行者　村田登志江

発行所　株式会社　集英社
東京都千代田区一ツ橋2-5-10　〒101-8050
電話　【編集部】03-3230-6095
【読者係】03-3230-6080
【販売部】03-3230-6393（書店専用）

印　刷　図書印刷株式会社

製　本　図書印刷株式会社

フォーマットデザイン　アリヤマデザインストア　　マークデザイン　居山浩二

ISBN978-4-08-746278-4 C0195